조선 정적 말살사

폭군, 수구, 기득권을 위한 당파와 폭력의 역사
조선 정치 말살사

초판 1쇄 발행 2025년 3월 15일

지은이 | 조성일
펴낸곳 | (주)태학사
등록 | 제406-2020-000008호
주소 | 경기도 파주시 광인사길 217
전화 | 031-955-7580
전송 | 031-955-0910
전자우편 | thspub@daum.net
홈페이지 | www.thaehaksa.com

편집 | 조윤형 여미숙 김태훈
마케팅 | 김민선
경영지원 | 김영지

ⓒ 조성일, 2025. Printed in Korea.

값 17,500원
ISBN 979-11-6810-338-2  03910

도서출판 날은 (주)태학사의 인문·에세이 브랜드입니다.

디자인 | 김희량

# 朝鮮政敵抹殺

## 조선 정적 말살사

조성일 지음

폭군, 수구,
기득권을 위한 당파와
폭력의 역사

날

"역사란 무엇인가?"

첫머리에서 너무 거창한 질문을 던졌다고 생각할지 모르겠다. 단재 신채호의 "아(我)와 비아(非我)의 투쟁"이라거나 E.H. 카의 "과거와 현재의 부단한 대화"와 같은 유명한 정의를 이미 알고 있었던 터여서 그런 지레짐작을 할 만하다.

하지만 번지수를 잘못 짚었다. 나는 가장 원초적인 입장에서 역사를 정의해 보고 싶었다. 왜? 이 책의 주제 때문이다. 글을 쓰려고 공부하다 보니 이 날것의 핏빛 역사를 제대로 이해하기 위해 신채호나 카의 정의까지 소환할 필요가 없었다. 가슴까지 내려갈 거 없이 머리에서 다 이해됐던 거다.

알다시피, 이 책은 우리가 '무갑기을'이라는 머리글자로 외우는 조선의 4대 사화를 다룬다. 무오사화, 갑자사화, 기묘사화, 을사사화. 이 4대 사화를 짧고 거칠게 설명하면, '임금이 훈구파와 손잡고 사림파 선비들을 마구 죽인 사건'이라고 할 수 있다. 이 설명이 옳으냐 그르냐 하는 평가는 하지 말자. 다만 '마구 죽였다'에 홑따옴표를 쳐서 생각해 보자.

'죽임'이란 낱말이 들어가지 않은 역사가 과연 있을까. 단 하나도 없다고 단언해도 틀리지 않는다. 이렇듯 역사는 '죽임'이 쌓이고 쌓여 만든 시간 흐름이다. '죽임'이 피동형임을 놓쳐서는 안 된다. 역사는 승자의 기록이라는 말도 함께 기억해야 한다.

그렇다면 '역사란 무엇인가' 하는 정의는 분명하다. 죽이고 죽이는 게 본질이라는 민낯에 충실해 역사를 정의해 보자.

"죽임과 죽임이 쌓이고 쌓여 이룬 퇴적층이다."

어떤가. 동의하기 어려운가. 조금 더 설명을 보태보겠다. 누가 누구를 왜 죽이는 걸까. 죽이는 자는 힘이 있는 사람, 죽임을 당하는 자는 죽이는 자에게 대든 사람. 이 두 사람 사이에 작동하는 건 '권력'이다. '권력'을 '이권'이란 말로 치환해도 괜찮다. 이걸 한마디로 하면 '정적 죽이기'이다.

나는 이 책에서 조선 시대 한가운데를 핏빛으로 장식한 '정적 죽이기' 싸움에 주목한다. 흔한 말로 다 지나간 옛일이 뭐 대수라고 굳이 지금 또 소환하느냐고 타박부터 하지 말길 바란다. 반면교사로

005

삼을만하기 때문이다. 역사는 반복되니까.

멀리 갈 거 없다. 우리 현대사를 보라. 내 역사 정의의 핵심 열첫 말인 그 '죽임'이 여전히 반복되고 있지 않은가. 이승만 대통령은 김 구 임시정부 주석을 제거하려고 온갖 나쁜 짓을 다 했다. 박정희 대 통령은 또 어떠했는가. 김대중 대통령을 쥐도 새도 모르게 현해탄에 수상까지 하려 했지 않은가. 그러면 지금은?

나는 이 책에서 사화를 구체적으로 들여다보려고 했다. 수박 겉핥 기식이라면 인터넷 서핑과 같은 조금의 수고로움으로도 충분하다.

하지만 그런 방식으로는 역사의 실제적 진실에의 접근은커녕 반 면교사로라도 삼을 역사적 교훈마저 제대로 얻지 못할 거 같았다. 그래서 때로는 지나치리만치 자세하게 다뤘다.

나는 역사를 연구하여 논문을 쓰는 역사학자가 아니다. 대학 다 닐 때 역사를 공부하긴 했어도 역사로 밥벌이하지는 않았다. 저널 리스트로 살았다. 이런 삶을 바탕 삼아 나는 지금 '역사 큐레이터'를 자임한다. 관람객들을 위해 전시 작품을 수집, 기획, 관리하는 미술 관 큐레이터처럼 역사 연구자들의 연구 성과물을 독자들의 욕구에 맞게 수집, 선택, 정리, 집필하는 거다.

나의 글쓰기는 역사학자들과는 결이 다르다. 어떤 가이드라인이 나 틀에 갇히지 않고 자유롭다. 유쾌 상쾌 통쾌한 문체로 쉽고 빠르 고 정확하게 쓰려고 한다. 특히 다큐식 구성에다 스토리텔링 방식의 입말체 글쓰기를 한다. 옛날이야기를 들려주는 것처럼 말이다. 역사적 사건과 사건 사이의 빈틈은 역사적 상상력으로 메웠다. 요즘 말로 팩션(팩트+픽션)으로 썼다.

그래서 더 드라마틱하게 읽힐 거라고 감히 자부한다. 그런데도 지루하다고 느낀다면 그건 내 능력 밖의 일이라 양해를 구할 일이리라.

역사에 관한 나의 끊임없는 호기심은 어디서 비롯됐을까. 이 책을 쓰면서 이 궁금증이 조금은 해소되길 기대해 본다. '역사는 반복된다'는 명제가 참일 가능성이 크기 때문이다. 하지만 어쩌랴. 지금도 역사는 계속되고 있다. 그러면 무슨 노력이 필요한지 자명하다. 역사를 반면교사 삼아 같은 오류를 저지르지 않도록 실천하는 것 아닐까.

2025년 2월
조성일

서문 • 4

들어가며: 사화란 무엇인가 • 10

01   무오사화

이 '사초'의 정체는 도대체 무엇일까 • 27

이극돈, 유자광을 찾아가다 • 33

유자광, 김일손 사초 연산군에게 고하다 • 40

연산군, 사초를 보다 • 44

'조의제문'이 단종과 무슨 상관인가 • 50

드디어 사림파 선비들을 죽이다 • 56

02   갑자사화

"우리 임금이 달라졌어요!" • 65

연산군은 누구인가 • 69

"내 옷에 술잔 엎지른 자 국문하라" • 78

연산군, 장녹수의 치마폭에 푹 빠지다 • 83

임사홍, 폐비 사건 전말을 고하다 • 91

"세좌의 죄는 반역보다도 심하다" • 99

왕을 갈아치워 잘못을 바로잡다 • 104

차
례

## 03    기묘사화

훈구파, 허수아비 왕을 세우다 • 113

중종, 사림파 조광조를 등용하다 • 119

구언 상소가 사림파의 위상을 높이다 • 123

왕비 간택령 내리다 • 129

사림파, 개혁에 적극 나서다 • 133

가짜 공훈자 가려내 퇴출하다 • 139

'주초위왕' 새긴 나뭇잎 발견되다 • 145

중종, 밀지를 내리다 • 149

신무문의 난이 일어나다 • 156

"그렇다면 내 죽음은 틀림없소!" • 161

개혁은 전광석화처럼 해야 성공한다 • 169


## 04    을사사화

남곤도 가고, 심정도 가고 • 177

김안로, 권력의 핵으로 떠오르다 • 181

중종, 김안로 처단 밀지를 내리다 • 186

세자, 즉위하여 인종이 되다 • 191

인종, 7개월 만에 죽다 • 196

문정왕후, 을사사화를 일으키다 • 201

벽서사건으로 을사사화 완결되다 • 206


**후기: 정치 보복의 역사를 끝내자 • 210**

들어가며

사화란 무엇인가

'사화'를 공부하기 위해서는 《조선왕조실록》과 아주 친하게 지내야한다. 나는 이 책을 위해 성종부터 시작해 연산군, 중종, 인종, 명종대까지 섭렵해야 했다. 이 과정에서 자주 만나던 낱말이 하나 있었다. '능상(凌上)'. '윗사람을 능멸한다'는 뜻이다.

여기서 우리는 '능멸'과 '윗사람'이란 낱말에 주목해야 한다. '능멸'은 우선 우리가 익히 아는 것처럼 "업신여겨 깔보는 것"이란 사전 풀이대로 이해하면 된다. 물론 '능멸'의 낱말 속엔 복잡하고 미묘한 감정이 깊이 스며 있긴 하다. 그 감정이 이성으로 통제되지 않을수 있다는 것도 알아둬야 한다.

'윗사람'은 나이든 직위든 자신보다 위에 있는 사람을 일컫는다. 하지만 이 낱말을 액면 그대로만 보아서는 안 된다. 전후는 물론이거니와, 좌우의 맥락까지 살펴보아야 제대로 이해할 수 있다.

'상'은 한자로 '上'이라고 쓰는 데, 그 훈을 보면 '위'가 가장 많이 쓰인다. 그래서 '윗사람'이란 해석이 자연스럽다. 하지만 '상'에는 '하늘, 높은 사람, 어른, 임금, 더하다'는 뜻도 있다. 우리가 여기서 써야 할 훈은 '임금'이다. 그렇다면 앞에서 '윗사람을 능멸한다'고 했던 '능상'의 해석은 '임금을 능멸한다'고 해야 더 본질에 가깝게 된다.

군이 '능상'이란 낱말에 홑따옴표까지 쳐가며 침 튀기는 건 바로 조선의 4대 사화를 이해하는 핵심 열쇳말이기 때문이다. 엄신여김을 당하는 모욕감은 아이에 찬 공격의 빌미가 되고, 그 공격은 잔인함을 동반한다.

조선의 4대 사화를 이해하기 위해서는 이런 문제의식이 필요하다. 사화는 흔한 장삼이사들끼리 죽이고 죽는 싸움이 아니다. 절대 지존 임금과 대신들과의 싸움이어서, 그 행간에 복잡한 맥락이 숨어 있기 때문이다. 인간관계에서부터 조상과 가문, 외척, 소신, 학문, 당파, 정치적 입장, 여느 가문과의 관계 등 그물망처럼 얽히고 얽힌 배경지식을 이해해야 사화를 제대로 알 수 있다.


자, 본격적으로 4대 사화 얘기를 하기에 앞서 "사화란 무엇인가"부터 제대로 파악해 보자.

'사화'를 한자로 쓰라고 하면 많은 사람이 '史禍(역사 사, 재앙 화)'라고 쓴다. 아주 틀린 건 아니지만, 역사 용어로는 '士禍(선비 사, 재앙

화)'라고 써야 맞다. '史禍'의 사전적 의미는 "역사 기록을 잘못하거
나 역사 기록과 관련된 이유로 당하는 재난"이다. 따라서 사람들이
'史禍'라고 쓰는 건 아무래도 '역사적 사건'이라는 생각이 앞서기 때
문일 것이다. 역사책에 등장하는 '士禍'도 넓은 의미에서 보면 '史禍'
라고 할 수 있으니까.

조선 시대 과거 시험 과목인 중국 역사서 '자치통감(資治通鑑)'(정
확하게는 조선에서 요약한 '통감강목')을 한자로 쓸 때 흔히 잘못해서 '自
治通鑑'이라고 쓴다. '자치통감'의 '자치'는 '통치하는 자료'라는 의
미의 '資治'인데도 '스스로 통치하다'는 의미로 지레짐작하여 생기
는 실수다.

'士禍'는 '士'가 '선비'를 의미하므로 글자 그대로 해석하면 '선비
가 화를 입은 것'을 말한다. 사전을 찾아보면, "조선 시대 당파 싸움
으로 사림 출신의 선비들이 반대파인 훈구파에게 몰려 탄압받은 사
건"이라고 좀 더 구체적으로 설명하고 있다.

일단 이 설명에서 '사림'과 '훈구'란 용어가 갈 길을 붙잡는다. 하
지만 이 낱말에 관한 이야기는 잠시 뒤로 미루고, '사화'의 의미에
관해 더 짚어보자.

'사화'라는 용어는 액면 그대로의 의미만을 담고 있을까. 죄지은
선비에게 벌을 준 것이라면 굳이 역사의 많은 부분을 할애하여 기
록할 필요는 없다. 너무도 당연하고 상식적인 일이니까. 그런데도
'사화'는 《조선왕조실록》 같은 역사에 매우 중요한 기사로 기록되어

013

있다. 이것만 보더라도 '사화'에는 우리의 상식과 다른 의미가 있음을 강하게 느끼게 한다.

깊이 들어가 보면 알 수 있는데, '사화'는 '잘못에 대한 벌주기'라기보다는 '상대편에 대한 공격'의 의미가 더 강했다. 자기편의 이익을 위해 상대편을 제거하려는 음모적 성격의 탄압 같은 것 말이다.

우리가 '사화'에 관해 공부해야 하는 이유가 바로 여기에 있다. '사화'라는 용어의 행간에 숨어 있는 본질적인 문제의식이 무엇인지를 찾아봐야 하기 때문이다. 누가 어떤 목적으로 어떤 음모를 꾸미며 누굴 공격하였을까? 이 음모는 역사적 정당성을 갖고 있을까? 궁금증이 꼬리에 꼬리를 문다.

정치의 세계에는 내 편과 네 편이 있게 마련이다. 이 '편 가르기'는 역사에서뿐만 아니라 현실에서도 강력하게 작동한다. 사람 사는 세상에서 흔하게 일어날 수 있는 일이다. '편 가르기'가 꼭 나쁘다고만 할 수도 없다. 편 가르기가 현대 민주주의의 기본 원리랄 수 있는 '견제와 균형'의 기능을 작동시켜주기 때문이다. 어떤 학자는 조선 왕조가 5백 년을 지속할 수 있었던 힘을 '당파'에서 찾기도 했다. 당파들이 서로 견제함으로써 정치가 균형을 이루었기 때문이란다.

물론 역사를 보면 편 가르기를 악용하는 사례가 차고 넘친다. '사화'도 그런 예의 대표랄 수 있다. 논리와 명분으로 도무지 이길 자신이 없으면서 권력을 유지하고 싶으면 어떻게 할까. 으레 수단과 방법을 가리지 않기 마련인데, 이때 손쉽게 동원하는 게 '공작'과 '음모'다.

공작과 음모는 그 어떤 이유를 대더라도 정당성을 찾을 수 없다. 그런데도 이런 일이 벌어지는 것은 오로지 권력과 부, 명예에 대한 '욕망'에서 비롯된다고 볼 수 있다. 같은 이슬이라도 벌이 마시면 꿀이 되고 뱀이 마시면 독이 된다고 하지 않던가. 모두를 위한 공공선이 아니라 오로지 자기 편의 욕망 실현을 위해서다. 그 결과는 하늘과 땅만큼의 차이를 만들어낸다. 이런 점에서 보면 '사화'는 공작과 음모의 끝판왕이라 할 수 있다.

앞에서 잠시 설명을 미루어두었던 '사림'과 '훈구'에 대한 얘기로 화제를 옮겨보자. 혹시 '극혐'할지 모르겠는데, 낱말의 뜻을 정확하게 이해하기 위해 다시 한자를 소환하겠다.

'사림(士林)'은 '士(선비 사)'와 '林(수풀 림)'을 합하여 만든 낱말이다. '선비'는 '학식은 있지만 벼슬을 하지 않은 사람', '숲'은 '나무가 빽빽이 우거져 있는 곳'을 각각 의미한다. 그렇다면 '사림'은 '벼슬하지 않은 선비들의 무리'라고 할 수 있다. '숲'처럼 '은둔하는 많은 선비'다.

'훈구'는 '勳(공적 훈)'과 '舊(옛 구)'를 합하여 만든 낱말로, "중요한 공로를 세워 공신에 책봉된 나이 많은 신하"를 의미하는 '원훈구신 (元勳舊臣)'에서 따온 표현이다. 나라에 공을 세운 공신을 의미한다. 임금 주변에서 권력을 잡은 사람들이다.

여기서 두 세력의 대비가 뚜렷해진다. '훈구파'는 권력을 가진 세력, '사림파'는 은둔하며 학문에 정진하는 세력. 그런데 훈구파가 권력을 행사하는 과정에서 이런저런 무리수를 둔다. 심하게 말하면 권력의 전횡을 일삼으며 사유화하기까지 이른다. 이럴 때 올곧음으로 무장한 선비들의 추상같은 비판이 날아든다. 바로 여기에서 갈등이 생긴다. 이 갈등은 언제든 큰 싸움으로 번질 폭발력을 잠재하고 있다. 그러다 결국 임계점을 넘으면 폭발하는데, 그게 조선 시대 역사에서는 '사화'로 나타난 것이다. '훈구파와 사림파의 대결'이 곧 사화란 말이다.

그러면 '훈구파'와 '사림파'는 언제 어떻게 형성되었을까.

조선 시대 '사화'의 배경엔 두 개의 큰 당파(黨派)가 있다. '당파'는 '같은 이념을 가진 집단'을 말한다. 요즘의 정당이나 자기 직업군의 이익을 대변하는 '의사협회', '변호사협회' 같은 것도 이 범주에 넣을 수 있다.

생각이나 뜻을 함께하는 이들이 집단을 이루어 한목소리를 내는 건 당연하다. 자신들의 이익을 지키기 위한 정당한 행동이니까. 이 점에서 이 자체를 비판적으로 볼 것까지는 없다. 이건 그 집단의 권리이고, 보호받아 마땅하다. 민주주의가 건강하게 작동하고 있다는 징표이기도 하다.

문제는 이 당파들이 자신들의 이익을 지키는 과정에서 상식과 공정을 넘어 도가 지나칠 수 있다는 점이다. 예나 지금이나 대부분의 당파가 순수성을 잃고 집단이기주의에 빠지기 쉽다. 그래서 조선 시대에는 '당파'를 형성하면 큰 죄로 다스렸다. 그런데도 당파는 사라지지 않고 역사의 흐름을 방해하거나 바꾸어놓기 일쑤였다.

조선 시대 전반기의 대표적인 당파라 할 수 있는 훈구파와 사림파는 어떻게 형성되었을까.

훈구파와 사림파 형성을 추적하기 위해서는 '계유정난(癸酉靖難)'으로 거슬러 올라가야 한다. 계유정난은 계유년, 즉 1453년에 '조선 시대 가장 완벽한 정통성'을 가진 임금 단종을, 그의 둘째 삼촌 수양대군이 물리력으로 몰아내고 '세조(1417~1468)'로 등극한 사건을 말한다.

단종은 아버지 문종과 정비인 어머니 현덕왕후 사이에서 맏아들로 태어나 세자에 책봉되었다. 유교의 '적장자 계승 원칙'이 요구하는 '정비에게서 태어난 맏아들'의 조건을 완벽하게 갖춘 셈이다.

그런데도 왕권과 거리가 먼 수양대군이 권력욕에 사로잡혀 왕인 조카를 몰아내고 그 자리를 꿰찼다. 유교 질서로 보면 정상적이지 않다. 설령 훗날 단종이 왕 역할을 하지 못할 지경이 되더라도 왕위는 단종의 맏아들이 물려받아야 한다. 실제 단종에게는 아들이 없었지만, 충분히 아들을 낳을 수 있는 나이였다. 아무튼 특별한 경우에 형제 계승이 일어나기는 하지만, 항렬을 거슬러 삼촌이 조카의 보위를 이어받는 것은 극히 비상식적이다.

이런 배경에 비추어 수양대군이 왕권을 거머쥐는 과정은 비상한 상황이었고, 물리력을 동원하여 단종 세력을 제압했을 거라는 점은 쉽게 짐작할 수 있을 것이다.

　그러면 수양대군은 혼자서 이 쿠데타를 일으켰을까. 수양대군이 단종에게 가서, 삼촌이 왕 할 테니 주상은 물러가라 했더니, 단종이 기다렸다는 듯 자리를 내주었을까? 바보 같은 질문이다. 단종 주변에도 당연히 관료들을 비롯한 우호적인 세력이 있었다. 호위하는 군사도 있었다. 어쩌면 수양대군보다 더 막강한 힘을 갖고 있었다. 그런데도 수양대군이 단종을 몰아낼 수 있었던 건 당연히 누군가의 도움을 받았기 때문에 가능한 일이었다.

　아무튼 이렇게 하여 거사가 끝나면 수양대군은 입 싹 씻고 가만있을까. 아니다. 도움 준 자들에게 상을 주는데, 그게 바로 '공신' 책봉이다. 공신에게는 넓은 땅과 노비 등 푸짐한 상을 주는데, 자손 대대로 물려가면서 떵떵거리고 살 수 있을 정도로 상상 이상이다. 세조는 자신을 포함하여 한명회, 권람 등 43명을 '공신'에 책봉했는데, 이들을 '정난공신(靖難功臣)'이라 부른다. 1455년 수양대군이 실제 세조로 즉위하는 데 공을 세운 좌익(佐翼)공신도 있다. 모두 45명이다. 정난공신 중 권람이나 신숙주, 한명회 등 15명은 좌익공신에도 책봉되었다. 아마도 이들이 훈구대신의 원류쯤에 해당한다고 보면 된다.

　세조가 왕권을 잡았고, 이 왕권을 잡는 데 결정적인 역할을 한 훈구대신(정난공신)들의 위세는 어땠을까. 흔한 말로, 나는 새도 떨어뜨릴 정도였다.

그런데 이들이 한번 잡은 권력을 놓으려고 했을까. 그럴 가능성은 전혀 없었다. 바로 여기에 문제의 심각성이 도사리고 있었다. 고인 물은 썩기 마련이다. 권력도 오래가면 썩는다. 하지만 이 공신들은 좌고우면하지 않고 오로지 자신들의 이익에만 충실히 복무하면서 세조는 물론이거니와, 목숨이 붙어 있는 한 예종(1450~1469)과 성종(1457~1494), 연산군(1476~1506), 중종(1488~1544), 인종(1515~1545), 명종(1534~1567) 대에 이르기까지 떵떵거리며 권력을 휘둘렀다.

대표적인 훈구파는 계유정난에 참여했던 한명회, 권람, 신숙주, 정인지 등을 꼽을 수 있다. 이들 중 권람을 제외한 세 명은 성종 때까지 있었던 다섯 차례의 공신 책봉 중 네 차례에 책봉됐다.

그런데 훈구파 거목들도 세월을 이기지 못하고 하나둘 사망하자 이극돈과 유자광, 남곤, 심정, 홍경주 등이 훈구파의 대표로 부상했다. 이들이 바로 우리가 앞으로 공부할 '사화' 시대 한가운데를 관통하는 '훈구파'의 핵심 인물들이다.

그러면 훈구파는 자신들의 권력을 다른 사람에게 나눠주고 싶었을까. 권력은 아버지와 아들 간에도 서로 나누지 않는다고 한다. 반면에 권력에 빈틈이 보이면 새로운 세력이 그 틈새를 비집고 들어오려는 힘이 작용한다. 그 틈새가 힘없이 벌어지면 권력이 새 세력

019

에게 넘어가겠지만, 지키려는 파 역시 만만치 않다.

결국 비집고 들어가려는 시도가 수포로 돌아간 세력은 어떻게 할까. 역부족을 절감한 나머지 은둔하여 힘을 기른다. 그러다 다시 기회가 오면 또 도전한다. 이 도전에서 성공하면 역사의 무대에 나서고, 그렇지 않으면 또 은거하며 실력을 기른다.

이런 역학 관계에서 사림파는 형성됐다. 사림파의 출발은 고려 말로 거슬러 올라간다. 정몽주와 길재를 그 처음으로 본다. 정몽주는 알다시피 이성계(태조)와 친한 사이였지만, 조선 건국에 반대하다 이성계의 아들 이방원(태종)의 철퇴를 맞고 개성 선죽교에서 삶을 마감한 비운의 선비다. 길재는 고려가 망하자, 관직을 버리고 고향인 경북 선산으로 낙향하여 학문을 연구하는 한편 특히 후학 양성에 전념하였다. 두 사람의 공통점은 '두 임금을 섬길 수 없다'라는 불사이군(不事二君)의 충절을 실천한 선비다.

길재가 고향에서 가르친 제자 중 김숙자를 눈여겨보자. 사화의 시작을 알리는 무오사화의 직접적인 원인이 된 〈조의제문〉을 쓴 김종직의 아버지가 바로 김숙자이기 때문이다. 김숙자는 어려서 길재에게서 《소학》을 비롯한 경서를 배웠다. 또한 역성혁명(조선 건국)을 반대하다 예천에 유배를 온 정몽주의 문하생 조용(趙庸)을 직접 찾아가 배우면서 정몽주의 학통도 익힌다.

김숙자의 학문은 고스란히 아들 김종직에게로 이어진다. 김종직은 학문은 깊었으나 벼슬은 높지 않았다. 하지만 김종직이 벼슬을 시작한 건 조선 전기 역사에서 전환기적 의미를 지닌다. 은둔하여 학문에만 정진하던 선비들인 사림파가 본격적으로 정치무대에 등장하는 신호탄이었기 때문이다. 이때가 성종 대이다.

성종은 새로 건국된 조선을 명실상부한 나라로 안착시켜 조선의 왕 중 나라를 잘 다스린 왕으로 꼽힌다. 그의 업적 중 특히 《경국대전》의 완성은 큰 의미를 지녔다. 《경국대전》은 세조 대에 편찬을 시작하여 성종 대에 완성하여 반포한 조선 최고의 법전이다.

《경국대전》의 완성은 단순한 법전의 완성이라는 거시적 명분 말고도 다양한 미시적 의미를 지니고 있다. 이중 우리가 여기서 주목할 건 바로 '사림파'의 벼슬길을 터준 낱말이다. '대간(臺諫)'.

대간은 임금에게 간언하고 관리를 감찰하는 일을 맡은 벼슬아치를 말한다. 이전까지는 법적 근거가 부족하여 대간의 역할이 크게 부각되지 못했던 게 사실이다. 하지만 이젠 법전에 버젓이 기록된 만큼 그 역할도 주목을 받으며 커질 수밖에 없었다.

급작스럽게 유명을 달리한 예종의 보위를 이은 성종(잘산군)은 애초 왕위와는 거리가 있었다. 그런데도 잘산군이 왕권을 잡은 건 그의 장인이 누구인지를 보면 고개가 끄덕여진다. 한명회. 개성의 궁지기에 불과했지만 친구 권람의 권유로 수양대군을 만나 책사로 승승장구했던 인물 아닌가. 예종의 정비도 그의 딸이었다. 조선 시대 역사를 통틀어 두 딸을 왕비로 만든 사람은 한명회뿐이다.

한명회의 수작(?)으로 사위 잘산군은 예종의 조카에서 양자로 신

021

분이 바뀌고, 그리고 성종으로 즉위한다. 왕권을 둘러싼 이 궁중 암투사는 훈구파의 권력이 얼마나 센지를 상징적으로 보여준다.

즉위할 무렵 성종은 열세 살이었다. 왕의 나이가 어리면 제대로 일을 보기 어렵다는 점에서 누군가가 대리해서 국정을 운영하기 마련이다. 이럴 적에는 대부분 왕실의 최고 어른인 왕의 할머니(내왕대비)나 어머니(왕대비)가 맡는다. 이를 수렴첨정(垂簾聽政)이라고 하는데, 이는 수렴동청정(垂簾同聽政)에서 '동' 자를 뺀 용어로, 발을 치고 함께 정치를 듣는다는 의미다.

성종의 수렴청정은 정희왕후가 맡았다. 정희왕후(貞熹王后)는 세조의 성비로, 계유정난 때 정보 누설로 잠시 머뭇거리는 수양대군에게 손수 갑옷을 입혀주며 정면 돌파를 독려할 만큼 여장부였다고 한다.

아무튼 이때까지만 해도 성종은 어린아이에 불과했지만, 성장을 멈추고 마냥 어린아이로만 남아 있지 않는다. 당연히 어른이 되고 수렴청정은 거두게 마련이다.

그럼 어떻게 되는가. 당연히 왕은 자기 정치를 하고 싶고, 자기 정치를 하기 위해서는 자기 세력이 필요하게 된다. 그런데 지금까지 자기 주변을 에워싸고 있는 세력이 누구인가. 그렇다. 훈구파다.

이때 성종의 인사 정책 방향은 어떻게 되었을까. 훈구파를 견제할 수 있는 세력을 등용하는 것이 일반적이다. 훈구파의 견제가 곧 왕권을 강화하는 길이기 때문이리라. 그래서 선택된 세력이 사림파였다.

성종은 대간 제도가 공식화되자 사림파를 특히 '대간'에 기용하기 시작했는데, 김종직과 그의 절친들이 많이 등용됐다. 이들은 주로 사간원·사헌부·홍문관 등 삼사에 배치돼 훈구대신들의 비리와 전횡을 적극적으로 비판, 감시하였다.

성종의 적극적인 지원을 등에 업은 사림파는 물을 만난 물고기였다. 그들은 대간의 직분에 걸맞은 업무에 충실했다. 오죽하면 당시 "대신과 대간이라는 두 마리 호랑이가 싸우는 것 같다"고 평가될 만큼 대간(사림)의 위상이 높아졌다고 한다.

이들 사림파의 정계 진출은 연산군은 물론이거니와 걸출한 개혁가 조광조로 상징되는 중종 대에 이르러서도 중용됐다. 하지만 이 과정에서 가만히 앉아서 당할 훈구파가 아니었다. 공격이 들어오면 나름의 논리로 맞장구를 치지만, 허물이 너무 많은 탓에 방어 논리의 함량이 크게 모자랐다. 그럼 어떻게 할까. 이럴 때 동원하는 것이 상대에 대한 인신공격이다. 그 인신공격도 먹히지 않으면 그들이 선택할 카드는 없다. 이들을 어떻게 해서든 정계에서 퇴출하는 것 말고는. 그리하여 훈구파는 왕도 어찌할 수 없는 구실을 만들어 그걸 빌미로 왕권을 등에 업고 공격에 나선다. 그게 '사화'였다.

무오사화

01

이 '사초'의 정체는 도대체 무엇일까

이극돈, 유자광을 찾아가다

유자광, 김일손 사초 연산군에게 고하다

연산군, 사초를 보다

'조의제문'이 단종과 무슨 상관인가

드디어 사림파 선비들을 죽이다

# 이 '사초'의 정체는

## 도대체 무엇일까

**1498년(무오년) 연산군 4년 6월 15일, 실록청.**

좌찬성 이극돈(李克墩, 1435~1503)이 수북하게 쌓인 사초(史草, 왕의 언행과 업적을 기록한 실록 편찬 기초 자료)를 하나하나 검토하고 있다. 이극돈은 《성종실록》 편찬을 위해 설치한 실록청 당상관직을 맡고 있었다.

사초를 들여다보던 이극돈이 갑자기 당황한 빛을 보이더니 안절 부절못한다. 사초를 들고 있던 이극돈의 손이 마구 떨린다. 사초가 이내 이극돈의 손에서 벗어나 마룻바닥에 툭 떨어진다. 이극돈이 마룻바닥에 내동댕이쳐진 사초를 한참 내려다보다 한숨을 크게 쉬며 혼잣말을 내뱉는다.

'괘씸한 작자 같으니라고…어찌해야 좋을꼬…'

이극돈의 머리카락이 쭈뼛 서고 등골을 오싹하게 만든 이 '사초'
의 정체는 무엇일까.

이 사초는 사관 김일손(金馹孫, 1464~1498)이 제출한 것인데, 이극
돈의 '비행'을 담고 있었다.

이극돈은 나이 쉰 살 무렵 전라도 관찰사를 지내고 있었다. 그때
세조의 부인인 정희왕후가 세상을 떠났다. 국모가 세상을 떠나면 모
든 관료와 백성은 근신하는 게 예의였다. 그런데도 이극돈은 정희왕
후 빈소가 있는 한양을 향해 향을 바치지 않았다. 더군다나 기생까
지 끼고 놀았다. 그뿐이 아니었다. 세조 때에 조선이 유교 국가라 금
지하고 있던 불경을 잘 외워 전라도 관찰사가 되었다느니, 뇌물을
받았다느니, 하는 내용까지 사초는 담고 있었다.

이극돈은 맥이 풀렸다. 만약 이 사실이 실록에 기록되면 지금 당
장은 물론이거니와, 대대손손 가문의 수치가 된다는 데 생각이 미치
자 어떻게든 수습해야겠다고 맘먹는다. 그래서 김일손을 찾아가 사
정해 보기로 한다.

"실수 한 번 한 건데 사초에까지 기록할 게 뭐 있겠는가? 그 은혜는
결코 안 잊을 터이니 지워주면 어떻겠는가?"

"지금 대감께서 사초를 지워달라고 하셨습니까? 사초는 임금도 함부로 할 수 없는 것임을 실록청 책임자께서 모르신단 말씀입니까? 못 들은 걸로 하겠습니다."

두 사람의 얘기가 엇나가고 있다. 사초는 임금도 손대지 못하는 것이 당시 불문율이라는 점에서 김일손의 거절은 당연하다. 하지만 두 사람 사이에 있었다는 악연까지 소환하면 김일손의 완강함은 이해하고도 남는다.

김일손이 과거 시험을 치를 때였다. 김일손은 1486년 소과인 사마시(司馬試)를 거쳐 대과인 문과에 응시했다. 실력이 출중하다는 소문대로 김일손의 대책문(답안지)은 흠잡을 데 없을 만큼 훌륭했다. 떼놓은 장원이었다. 그런데도 결과는 장원 없는 2등이었다. 왜? 이극돈 때문이었다. 이극돈은, 김일손이 스승 김종직을 닮아 사장(詞章, 시와 부)에 능한 걸 흠으로 평가했기 때문이었다.

그때 이극돈은 과거 시험 문제를 출제하고 채점을 담당하는 시관(試官)이었다. 이극돈도 김일손의 실력을 의심하지 않았다. 하지만 모든 시관이 장원으로 뽑아야 한다고 주장했음에도 오로지 이극돈만이 반대했다. 과거 시험의 일정한 격식을 지키지 않았다는 게 이유였다.

악연은 이것만이 아니었다. 이극돈이 이조판서로 있을 때였다. 이조에서 전랑(銓郎)을 뽑아야 했다. 전임자가 후임자를 추천하는

029

관례에 따라 전임자가 김일손을 추천했다. 보통 전랑은 5품의 하급 관리직이지만, 이조전랑은 달랐다. 관리에 대한 인사권을 갖고 있기 때문이다. 각 부서의 당하관(堂下官)과 재야인사를 추천하는 핵심 요직이었던 이조전랑은 명망 있는 문신이 맡았고, 웬만해서는 탄핵도 되지 않을 뿐 아니라 진급이 보장되는 자리였다. 김일손으로서는 큰 꿈을 꿀 수 있는 절호의 기회였다. 이때도 이극돈이 김일손의 인물 됨이 좋지 않다는 이유를 들어 반대했다.

이쯤에서 이극돈과 김일손 두 사람 간의 악연이 싹틀 수 있었던 배경을 살펴보자.

김일손은 과거 급제 후 벼슬길에 나섰다가 이내 사직하고 부모를 따라 고향 청도로 돌아와 학문에만 몰두하고 있었다. 이때 마침 명성이 자자한 김종직이 청도 가까운 밀양에 내려와 있었다. 김일손은 그를 찾아가 배웠다. 이른바 성종 때 중용된 사림파의 거두 김종직의 제자가 된 것이다.

김일손의 호는 탁영(濯纓)이라고 한다. '갓끈을 씻는다'는 뜻인데, 중국 초나라 굴원(屈原)의 시 '어부사(漁父詞)'에서 따왔다고 한다. 그 구절을 보자.


"창랑의 물이 맑으면 내 갓끈을 씻고
창랑의 물이 흐리면 내 발을 씻으리라."

이 시는 조정에서 쫓겨난 중국 초나라 굴원이, 어찌 결백한 몸으로 세상의 더러운 것을 받아들일 수 있겠냐고 하자, 어부가 했던 말이란다. 세상이 깨끗하면 벼슬하고, 더러우면 안 하는 게 방책이란 의미가 행간에 숨어 있다. 김일손이 이런 의미가 담긴 '탁영'을 호로 삼은 건 세상을 깨끗하게 만들겠다는 의지의 표현이 아니겠는가.

한편 이극돈은 아버지가 세조 때 우의정을 지낼 만큼 당시 최고의 문벌 가문으로 훈구파를 대표하는 인물이었다. 그를 중심으로 위아래 5대가 문과에 합격했고, 형제 넷도 고관대작을 지냈다. 그의 집안은 조선 전기 '팔극조정(八克朝廷)'이라 불릴 정도였다. 벼슬하고 있는 '극(克)' 자 들어간 광주 이씨 가문의 사람이 무려 8명에 달해 붙은 말이다.

이런 배경을 알고 나면 당시 훈구파와 사림파 두 세력의 알력도 두 사람의 악연을 만드는 데 역할을 했을 것으로 보인다. 물론 이극감 같은 이는 사림파와 관계를 맺는 청백리로 꼽히기도 하였지만, 그의 손자인 이세좌가 연산군의 생모인 윤 씨에게 사약을 들고 갔다가 죽임을 당한다. 이 얘기는 무오사화에 이어 다룰 갑자사화에서 자세하게 얘기하겠다.

이런 가문을 배경으로 두었기에 이극돈을 훈구파로 분류할 수 있고, 또 나름 조정에서 권력을 휘두르는 자리에 있었다고 볼 수 있으리라.

이런 저간의 사정으로 인해 이극돈이 김일손을 설득하기는 여간 어려운 일이 아니었을 것이다. 아니 불가능했다고 하는 게 옳을지도 모른다. 그렇다고 손 놓고 있을 수도 없는 일, 이극돈의 고심이 깊어질 수밖에 없었다. 묘수를 찾으려 애쓰던 이극돈의 머릿속을 한 생각이 스치듯 떠올랐다.

'가만히 앉아서 당할 수만 없지. 내게도 방법이 있을 터, 탁영의 허물을 들추겠다.'

# 이극돈, 유자광을

## 찾아가다

바늘 하나 꽂을 틈도 없이 단칼에 거절당한 이극돈으로서는 자칫 자신은 물론이거니와, 가문까지 먹칠하게 생겼으니 어떻게 해서든 반전 카드를 찾아야 했다.

실록청에서 《성종실록》 편찬에 쓰고 남은 사초들을 뒤적이며 골 몰하던 이극돈에게 맨 아래 '김일손'이라고 적힌 사초가 다시 눈에 들어왔다. 이극돈은 이 사초를 유심히 들여다보았다.

사초에는 쓴 사람(사관)의 이름을 쓰기도 하고 안 쓰기도 한다. 사 관의 이름을 쓰는 건 기록한 내용의 사실성에 책임진다는 의미가 크고, 사관의 이름을 익명 처리한 건 성역 없이 모든 걸 쓸 수 있도 록 한다는 의미가 있다. 신문 기사나 방송 뉴스에 기자 이름이 들어 가는 걸 생각하면 이해하기 쉽다. 사건을 취재하여 기사를 쓴 기자 가 이 기사에 관해 책임을 진다는 의미로 이름을 단다. 사초도 그런

식으로 이해하면 이름을 쓰는 게 맞을 것 같은데, 조선 시대엔 사초를 실명으로 쓰느냐 익명으로 쓰느냐를 놓고 논쟁을 벌이기도 했다.

아무튼 '김일손'이란 사관의 이름에 이끌려 다시 집어 든 사초에서 이극돈은 회심의 미소를 띠었다.

그가 살펴 본 사초엔, 국사(國師)인 학조(學祖, 승려)가 능히 술법으로 대궐 안의 하인을 움직이고, 권람이 노산(魯山, 단종)의 후궁인 숙의 권 씨의 노비와 전답을 다 차지하고, 계유정난 때 황보인과 김종서는 절개를 위해 목숨을 버렸고, 이개와 박팽년은 절개 있는 행동을 했다고 기록돼 있었다. 또한 세조가 며느리들에게 부적절한 행동을 했다는 얘기도 들어 있었다.

얼핏 보기에도 김일손의 사초는 매우 민감한 내용들을 담고 있다. 세조의 두터운 신임을 받았던 승려 학조가 술법으로 대궐 안을 휘젓고 다녔단 말이나, 계유정난 때 공을 세운 권람이 단종의 후궁인 숙의 권 씨의 노비와 전답을 가로챘다거나, 단종의 원상(院相, 왕이 죽은 뒤 어린 임금을 보좌하여 정무를 맡아보던 임시 벼슬)이었던 황보인과 김종서를 칭찬하는 것 등에서 한 가지 뚜렷한 행간의 의미를 찾을 수 있었다. 비판의 칼날이 모두 세조를 향하고 있다는 점이었다.

세조가 누구인가. 지금 왕인 연산군의 증조할아버지가 아닌가. 모든 배경을 다 걷어내고 보더라도 연산군으로서는 자기 증조할아버지를 헐뜯는 일을 두고 볼 수만은 없을 것이다. 더욱이 세조가 며느리를 탐했다는 패륜적 이야기까지 나왔다면 갈 데까지 간 셈이었다. 이는 알려져서는 안 될 궁궐 안의 비밀스러운 일인 이른바 '궁금비사(宮禁祕事)'에 속했으니까.

하물며 왕실이 아닌 사가에서도 용납할 수 없는 엄청난 일이라는 걸 직감한 이극돈은 호흡을 한번 가다듬더니 잠시 눈을 감고 생각에 잠겼다. 이걸 김일손에게 디밀며 세조를 비방했다고 왕에게 고하겠다고 협박할 수 있을 것 같았다. 그럼 내 요구를 받아들일 수밖에 없을 거란 생각도 스쳤다. 확실한 반전 카드처럼 보였다.

'이보게 탁영, 사초에 이런 걸 기록하고도 살아남을 거라고 생각하는가?'

이 말을 독백처럼 내뱉던 이극돈은 이내 고개를 가로저었다. 김일손이 바늘 하나 꽂을 틈도 보이지 않던 위인 아니던가. 내가 이런 걸 디민다고 해서 봐줄 거 같은 위인이었다면 진즉에 봐줬을 거란 생각이 들었다. 식은땀이 흘렀다. 아, 어쩜담! 약간의 낙담이 치밀었지만 반전 카드의 활용에 관해서는 나중에 다시 생각해보기로 하고 하던 일을 계속했다.

그런데 그 정도가 아니었다. 뒤적이면 뒤적일수록 반전 카드가 넝쿨처럼 나왔다. 1490년 성종 21년 3월 경연에서 김일손이 했던 말도, 이극돈이 보기엔 상당히 예민한 문제를 건드리고 있었다. 나라에서 제관과 제물을 보내 노산군(단종)에게 제사를 지내야 한다는

035

김일손의 주장이 담겨 있었던 것이다.

이때까지도 세조의 계유정난에 대한 언급은 금기시하고 있었다. 세조의 그림자가 여전히 어슬렁거리는 상황이라 함부로 입 밖에 냈다간 큰코다치기 때문이었다. 하지만 뜻있는 선비들은 계유정난에 대한 비판 의식이 강했다. 세조의 왕위 찬탈은 조선의 건국 이념이사 통치 이념인 유교의 질서에 어긋나기 때문이었다. 잘못이 없는 왕을 완력으로 끌어내리고 그 자리를 차지하는 것은 '성공한 쿠데타' 그 이상도 이하도 아니다.

하지만 역사는 승자 편일 수밖에 없다. 역사도 그렇게 해서 권력을 잡은 자의 입맛대로 기술되는 게 당연하다. 그런데도 김일손은 단종 복위 운동을 하던 최맹한(崔孟漢)에게서 들었다는 이 얘기를 사초에 실은 것이다.

이극돈의 정치적 입장에서 볼 때 김일손의 사초가 노리는 바는 분명해 보였다. 세조 때 형성되기 시작해 큰 힘을 발휘하고 있는 훈구파를 겨냥하고 있다고 보았다. 그렇다면 이 문제를 혼자만 알고 끙끙 앓을 일이 아니라는 생각이 들었다.

이극돈은 머뭇거릴 시간이 없었다. 빨리 이 문제를 매듭짓는 게 여러 가지로 낫겠다는 생각이 들자, 자리에 벌떡 일어나 실록청 밖으로 나갔다. 도포 자락 휘날리며 빠른 걸음으로 이극돈은 좌의정이자 《성종실록》 총재관인 어세겸(魚世謙)을 찾아갔다. 속내는 자신의 비위 사실을 덮으려는 의도가 컸지만 일단 왕실 문제부터 꺼냈다.

"김일손이 선왕(세조)을 무고하고 헐뜯었는데, 신하가 이러한 일을 보고 임금께 알리지 않으면 되겠습니까? 저는 그 사초를 봉하여 아뢰어서 임금의 처분을 듣는 것이 우리에게 후환이 없을 것으로 생각합니다."(《연산군일기》 1498년 7월 29일 자)

이 말을 들은 어세겸은 깜짝 놀라서 벌어진 입을 다물지 못했다. 아무 대꾸도 하지 못했다. 어세겸은 집현전 직제학을 지낼 만큼 정통 유학을 공부한 학자형 관료였다. 그런 어세겸에게 사초를 임금께 여쭙자고 했으니, 이극돈의 낭패감은 어쩔 수 없었다.

이극돈은 어세겸으로는 이 문제를 해결하기 어렵다고 생각했다. 그렇다면 이 문제를 내 일처럼 받아줄 위인이 없을까 머릿속으로 잠시 찾았다. 옳다. 유자광이 언뜻 머리를 스쳤다. 이극돈은 다시 유자광에게로 발길을 옮겼다.

유자광은 알다시피 연산군 때 훈구파의 거물 임사홍, 일제에 나라를 팔아먹은 이완용과 더불어 우리 역사의 '3대 간신'으로 꼽히는 인물 아닌가.

유자광은 서자로 태어나 벼슬길이 막혔지만, 무예에 뛰어나 경복궁 건춘문을 지키는 갑사로 있었다. 그러다 '이시애 난'이 일어나자 세조에게 공을 세우고 싶다고 상소를 올려 남이 장군 휘하에 들어간다. 거기서 공을 세우면서 신분을 세탁한다.

하지만 유자광은 '남이의 옥'을 일으켜 남이 장군을 배신해 죽게 만들었다. 야사에는 함께 싸우며 공을 세운 처지인데 남이 장군이 자신보다 높은 관직을 받은 것에 불만을 품고 모함했다고 한다. 그 후 '무령군' 작호를 받는 등 권력자에게 빌붙어 온갖 아부를 떨며 부귀영화를 다 누리며 정치판을 휘저었던 풍운아였다.

이 무렵 유자광은 별 볼 일 없이 지내고 있었다.

이전에 그는 성종의 딸인 휘숙옹주와 혼인한 사위 임사홍과 함께 도승지 현석규를 탄핵했다. 현석규는 손녀를 입궐시키라는 명을 거절한 경기도 관찰사 홍귀달 사건 때문에 화가 치밀어 왕 앞에서 팔을 걷어붙였던 게 문제가 됐나. 이에 유자광은 현석규를 소인이라고 공격한 것이다. 하지만 유자광은 되레 되치기당해 공신에서 물러나고 삭탈까지 당한 처지였다.

위기는 곧 기회라 했던가. 유자광은 이극돈에게서 김일손의 사초 얘기를 듣는 순간 동물적 감각이 작동하였다. 유자광은 팔을 내두르며 이렇게 말했다.

"이 어찌 머뭇거릴 일입니까." 《연산군일기》 1498년 7월 29일 자)

유자광은 곧바로 노사신·윤필상·한치형에게로 달려갔다. 유자광은 이들에게 먼저 세조께 은혜를 받았으니 잊어서는 안 된다는 말부터 꺼내 마음을 안심시켰다. 그러고는 문제의 사초 얘기를 꺼냈다.

유자광이 이들을 만난 건 다 나름의 계산이 있었다. 노사신·윤필상은 세조를 가까이에서 모신 총신(寵臣)이고, 한치형은 나름 궁궐 안 사람들과 잘 통하는 사람이므로 자신의 요구를 들어줄 것으로 생각했기 때문이다. 과연 세 사람은 유자광의 바람대로 요구를 들어주기로 했다.

이렇게 이극돈과 유자광은 임금에게 가는 통로는 확보한 셈이다. 이제 어떻게 고할 것인지 고민하면 된다.

# 유자광, 김일손 사초

## 연산군에게 고하다

김일손의 사초(史草)는 사실 성종 때라면 크게 문제가 안 될 수도 있었다. 사초이기 때문에 무슨 내용이 있든 문제 삼을 수 없기 때문이다. 당연히 실록청 담당자들 말고는 아무도 그 내용을 알지 못하기도 하고.

사초란 춘추관 기사관들이 왕의 언행을 자세하게 기록한 시정기(時政記)이다. 이 기록이 나중에 실록을 편찬할 때 기초 자료로 쓰인다.

그래서 어떤 건 기록하고 어떤 건 기록하지 못한다는 제한이 없었다. 사관은 국왕을 비롯하여 대신과 관련된 모든 일이나 정사, 인물평, 심지어 비밀스러운 모임까지 참여해 자세하게 기록하곤 했다.

하지만 연산군 대에 이르러서는 상황이 달라졌다. 훈구파들의 압력으로 사관이 참여해 기록할 기회가 많이 제한된 것이다.

당연히 이 기록은 임금을 비롯한 그 누구도 볼 수 없도록 했다. 세종대왕이 태종에 관한 사초를 보려 했으나 황희 정승 등이 강력히 반대해 뜻을 이루지 못한 적도 있었다.

한편으로 생각하면 임금 입장에서 궁금하긴 할 것이다. 혹시 자신이나 조상들에 관한 좋지 않은 내용이 실려 후세에까지 전해지는 걸 누가 반기겠는가. 그러니 내용을 보고 싶은 건 어쩌면 당연한 인간의 마음이다. 물론 보고 싶지만 참아야 하는 게 당시 법도였다.

이런 배경을 이해하고 김일손 사초 문제에 집중해 보자. 김일손의 문제의 사초를 연산군에게 보고하려는 유자광은, 연산군과 가까운 노사신·윤필상·한치형에게 미리 알리고 협조를 구한 것이다. 이제 마지막 관문인 도승지 신수근에게만 협조받으면 된다.

신수근은 연산군의 정비인 거창군부인 신씨의 오빠다. 또 연산군의 이복동생으로 훗날 중종으로 즉위하는 진성대군의 장인이기도 했다. 그래서 신수근이 승지로 임명될 때 "외척이 권세를 얻은 조짐"이란 비판이 제기되었다. 승지는 요즘의 대통령 비서실장이었다. 따라서 신수근의 협조를 구하는 건 선택이 아니라 필수였다.

**1498년 7월 1일 승정원.**

직접 부딪혀 연산군을 알현하는 통로를 확보하겠다는 일념에서 파평부원군 윤필상, 선성부원군 노사신, 우의정 한치형, 무령군 유자광이 승정원으로 신수근을 찾아갔다.

　이들은 우선 신수근에게 귓속말로 비밀스러운 일이 무엇인지 귀띔했다. 그리고 나서 연산군이 거처하는 창덕궁 희정당 정문인 차비문(差備門)에 나아가서 비밀스러운 일을 아뢰겠다고 청했다.

　이들이 연산군에게 아뢴 건 앞에서 살펴본 것들이었다. 다만 이극돈에 관한 건 쏙 뺐다. 이극돈으로서는 자기 문제를 해결하기 위해 유자광을 앞세워 세조 등 왕실 문제로 덮어버리려는 의도였다.

　이들에게서 궁중비사를 들은 연산군은 무슨 영문인지 도승지 신수근더러 관장하리고 했다. 이내 사관인 검열(檢閱) 이사공(李思恭)이 참여해 기록하겠다고 했으나, 신수근은 들을 필요가 없다며 묵살한다.

　그런 후 이들에게서 전말을 들은 신수근은 우선 의금부 사람을 급히 경상도로 급파했다. 이들이 달려간 건 당연히 김일손을 잡아들이기 위함이었다. 신수근과 이들을 제외하고 그 이유를 아는 사람은 아무도 없을 만큼 비밀리에 진행됐다.

　그 무렵 김일손은 고향인 경상도 청도로 내려가 있었다. 어머니 삼년상을 치르기 위해서였다. 그곳에서 김일손은 함양에 있던 사림파의 거목 정여창을 만나러 갔다가 풍병을 얻는다. 하는 수 없이 김일손은 함양의 청계정사에서 요양하고 있었다.

## 1498년 7월 5일, 경상도 함양 청계정사.

김일손은 청계정사 앞마당에서 심신을 달래며 한가하게 거닐고 있었다. 그런데 급작스럽게 낯선 사람이 들이닥쳤다. 의금부 도사 홍사호였다. 홍사호는 김일손더러 함께 한양으로 가야 한다며 체포하고는 곧바로 끌고 갔다.

김일손은 느닷없는 체포에 당황하지 않았다. 예견한 듯 무슨 일인지는 직감했다. 김일손은 홍사호더러 아마도 《성종실록》 때문이 아니겠느냐고 물었다. 홍사호가 왜 그렇게 생각하느냐는 물음에, 김일손은 이극돈이 불경을 잘 외워 벼슬한 것과 정희왕후 상 중 관기 끼고 놀았던 사초를 삭제하려다 실패한 적이 있다고 말하고는, 그 사실에 이극돈이 앙심을 품었다며 이렇게 덧붙였다.

> "'실록'이 빨리 편찬되지 못하는 것도 필시 내가 임금에 관계되는 일을 많이 기록해서라고 핑계 대고 나쁜 소문을 날조하여 임금에게 아뢰었기 때문에 이렇게 된 것이니, 지금 내가 잡혀가는 것이 과연 사초 때문에 일어났다면 반드시 큰 옥(獄)이 일어날 것이다."(《연산군일기》1498년 7월 12일 자)

# 연산군,

## 사초를 보다

**1498년 7월 11일, 창덕궁 선정전.**

김일손을 당장 잡아들이라고 명령한 연산군은 이날 서릿발 같은 목소리로 전교한다.

> "김일손의 사초를 모두 대내(大內, 임금이 거처하는 곳)로 들여오라."

그러자 주모자인 이극돈을 비롯한 실록청 담당자들이 정색하고 나서서 이렇게 아뢴다. 아마 이극돈은 일이 생각하던 것과 다른 곳으로 확산하고 있다는 생각에서 서둘러 불을 꺼야 할 판이라고 여긴 것이다.

"옛날부터 사초는 임금이 스스로 보지 않습니다. 임금이 만약 사초를 보면 후세에 직필(直筆)이 없기 때문입니다."

하지만 실록청 담당자들의 만류로 그만둘 연산군이 아니었다. 훗날 그의 악행을 보면 성정이 어떠한지 짐작할 수 있으리라. 연산군은 다시 김일손의 사초를 빠짐없이 들이라고 명령한다. 이젠 말에 신경질이 잔뜩 묻어 있었다.

이극돈은 무슨 일이 있어도 이것만은 막아야 한다는 생각에 다시 아뢴다.

"여러 사관이 들인 사초를 신 등이 보지 않은 것이 없고, 일손의 초한 것 역시 모두 알고 있습니다. 신 등이 나이가 이미 늙었으므로 벼슬한 이후의 조종조(祖宗朝) 일은 알지 못하는 것이 없습니다. 일손의 사초가 과연 조종조의 일에 범하여 그른 점이 있다는 것은 신들도 들어 아는 바이므로, 신들이 망령되게 여겨 감히 《실록》에 싣지 않았는데, 지금 들이라고 명령하시니 신 등은 무슨 일을 상고하려는 것인지 알지 못하겠습니다."

연산군은 물러서지 않았다. 그러자 이극돈은 잔머리를 굴려 타협점을 제시한다. 임금이 사초를 볼 수 없다고 다시 한번 강조하더니 종묘사직에 관한 일이라면 어쩔 수 없다고 했다. 그러고는 이 사초

045

전체를 올리는 대신 문제 되는 왕실의 '능멸'에 관한 부분만을 잘라서 올리겠다는 것이었다. 그러면 임금이 그 일이 무슨 일인지 자세하게 살필 수 있으면서도 사초를 보지 않는다는 의로움도 지킬 수 있다는 논리였다. 물론 여기엔 자신의 비행을 감추려는 술수가 숨어 있었다.

연산군은 그러라고 승인했고, 이극돈은 김일손의 사초에서 6조목을 잘라서 올린다. 그러자 연산군은 다시 왕실에 관한 것도 올리라고 명했다.

김일손의 사초를 읽은 연산군은 화(火)가 머리끝까지 치밀었다. 감히 증조할아버지(세조)의 궁금비사를 사초에 적어 왕실을 능상(凌上, 아래 사람이 윗사람을 깔보아 업신여김)하다니.

조바심이 난 연산군은 별감 세 사람에게 상등급의 말을 주어 세 곳으로 보내라고 했다. 그렇게 길목을 지키다 먼저 김일손을 본 사람이 와서 아뢰라고 했다. 김일손의 몸을 보진 못하더라도 잡혀 오고 있음을 확인하고 싶었던 것이다.

이윽고 잡혀 온 김일손이 연산군 앞에 부복했다. 연산군 옆에는 윤필상·노사신·한치형·유자광·신수근이 배석했다. 몸이 단 연산군은 거친 호흡을 몰아쉬며 친국했다. 연산군이 물었다.

　"네가 《성종실록》에 세조 조의 일을 기록했다는데, 바른대로 말하라."

"신이 어찌 감히 숨기겠습니까. 신이 듣기에 '권 귀인(權貴人)은 덕종의 후궁인데, 세조께서 일찍이 부르셨는데도 권 씨가 분부를 받들지 아니했다'고 하여서 이 사실을 썼습니다."

권 귀인의 문제는 보통 예민한 문제가 아니다. 권 귀인은 세조의 큰아들 의경세자의 후궁인데, 세조에게는 며느리다. 의경세자가 죽고 혼자가 된 과부였는데, 시아버지가 불렀다는 건 어떤 변명으로도 용납할 수 없는 패륜적인 일이다. 연산군이 다그친다.

"어떤 사람에게서 들었느냐?"

김일손이 답한다.

"사관은 전해 들은 일도 모두 기록해야 해서 썼습니다. 전해준 이를 물으시는 건 옳지 않습니다."

사관은 사실을 전해준 사람을 밝히지 말아야 한다. 임금이 묻는다고 해서 그걸 밝힌다면 누가 그런 얘기를 전해줄 것인가. 비밀스러운 일도 사초에 기록하기 위해서는 전해준 사람을 밝히지 않아야 가능하다. 이른바 기자들이 권력자를 비판하는 기사를 썼다가 수사를 받을 때 취재원을 밝히지 않는 것과 같은 이치다. 기자들은 이때

차라리 감옥을 택한다고 한다.

하지만 연산군의 출처 추궁 계속됐다. 버티고 버티던 김일손의 입에서 '허반(許磐)'이란 이름이 튀어나왔다. 허반은 권 귀인의 조카였다. 연산군이 추상같은 명령으로 허반을 잡아들이라 했음은 물어보나 마나다.

허반은 그런 사실이 없다고 완강하게 부인했다. 서듬서듬 물어노 허반은 결코 인정하지 않았다. 결국 김일손과 대질하고, 형장으로 때려가며 심문했다. 그래도 허반은 실토하지 않았다.

이어 연산군은 이번에는 '소휴 유 씨'에 관해 물었다 수훈 윤 씨 역시 연산군의 할아버지인 덕종의 후궁이었다. 물론 세조에겐 며느리였다.

김일손은 역시 허반에게서 이 얘기를 들었다며 이런 취지로 털어놓았다.

"권 귀인이 세조의 부름을 받아 대궐에 들어가니 심부름하는 계집종 신월(新月)이가 소훈 윤 씨의 일을 귀에다 대고 소곤거렸습니다. 덕종의 상을 마친 후 세조는 소훈 윤 씨에게 토지와 노비와 집 등을 하사했는데, 일반적으로 내리는 시혜보다 갑절이나 더했습니다. 크고 작은 일로 나들이할 때 왕의 가마가 수행했습니다." (《연산군일기》 1498년 7월 15일 자)

'특혜'라는 말로 함축할 수 있는 이 상황은, 왜 세조는 특별히 소훈 윤 씨에게 이런 대접을 베풀었을까, 하는 의구심을 들게 한다. 그래서 사람들은 두 사람 사이의 은밀한 관계를 암시하는 것 아니냐고 말한다.

무오사화

# '조의제문'이 단종과

## 무슨 상관인가

지금까지 드러난 것만으로도 연산군에게는, 김일손의 사초가 세조를 능멸했음이 충분하다. 게다가 김일손을 문초하면 할수록 세조에 대한 비판만 더해졌다. 비판이 하나둘 늘어나면서 연산군의 분노지수도 함께 올라갔다. 그런데 더 있다. 이번에는 '소릉(昭陵)' 문제다.

소릉은 단종비 현덕왕후 권씨의 무덤인데, 단종과 함께 폐위되면서 능도 폐하였다. 김일손이 이런 소릉을 회복하라고 주장했는데, 이건 세조의 잘못을 지적하는 것이 된다. 폐한 걸 원래대로 한다면, 폐하라고 조치를 한 사람이 잘못을 저질렀다는 얘기가 된다. 이 조치는 세조가 내렸다.

이 문제 또한 심각하다. 《세조실록》(1457년 9월 7일)에 따르면, 세조는 소릉을 파헤쳐 관곽을 강물에 던진 뒤 종묘의 현덕왕후 신주를 철거했다고 한다. 이것만이 아니라 단종 주검 수습 문제도 사초에 들어 있었다.

> "노산의 시체를 숲속에 던져버리고 한 달이 지나도 염습하는 자가 없어 까마귀와 솔개가 날아와서 쪼았는데, 한 동자가 밤에 와서 시체를 짊어지고 달아났으니, 물에 던졌는지 불에 던졌는지 알 수 없다." (《연산군일기》 1498년 7월 13일)

세조가 단종 부부에게 갖는 감정이 어떠했는지 그대로 드러내는 기사인데, 여기엔 사실관계에 대한 다툼의 여지까지 있어 문제의 심각성을 더했다. 《세조실록》 1457년 10월 21일 치 기사는 다르게 기록하고 있기 때문이다.

> "이유(금성대군)는 사약을 내려 죽이고, 단종의 장인 송현수는 교수형에 처했다. 노산이 이를 듣고 스스로 목을 매어 죽으니, 예로써 장사지냈다."

스스로 목을 매 예로써 장사 지냈는데, 한 달이 지나도록 수습하는 자가 없었고, 물에 던졌는지 불에 던졌는지 모른다니 이 무슨 해괴망측한 일인가. 그런데, 문초를 받던 김일손은 이 얘기를 진사 최맹한(崔孟漢)에게서 들었다며 이런 얘기를 덧붙였다.

051

무오사화

"신이 이 사실을 기록하고 이어서 '김종직이 과거를 하기 전 꿈속에서 느낀 것이 있어, 조의제문(弔義帝文)을 지어 충분(忠憤)을 부쳤다' 하고 드디어 김종직의 조의제문을 썼습니다."

이때까지 아무도 이 구절에 문제가 있는지를 몰랐다. 그런데 문제의 심각성을 알아차린 자가 있었으니, 바로 유자광이었다. 동물적 정치 감각을 타고난 유자광은 김종직의 이 '조의제문'이 사림파를 공격할 수 있는 좋은 빌미가 될 것이라고 직감했다.

유자광은 특히 '충분(忠憤)'이란 단어가 갖는 의미에 주목했으리라. 충분은 '충의로 인하여 생기는 분한 마음'인데, 도대체 '조의제문'이 어떤 내용을 담고 있길래 김종직이 이런 마음으로 지었단 말인가 싶었다.

연산군이나 대신들은 '조의제문'을 읽고도 사실 무슨 의미인지 처음엔 잘 알지 못했다. 그러니 게거품 물고 날뛰는 유자광의 모습을 이상하게 쳐다봤을 수도 있다. 이에 유자광은 연산군의 '조의제문' 일타강사를 자임했다. 구절구절 풀어 설명했다. 자, 그러면 우리도 여기서 그 문제의 '조의제문'을 맛보기로 읽어 보자.

"정축년(1457, 세조 3) 10월 어느 날 내가 밀성(밀양)에서 경산(성주)으로 가는 길에 답계역에 이르러 하루를 묵었다. 꿈에 한 신(神)이 칠장복(왕세자가 입는 대례복)을 입고 훤칠한 모습으로 나타나서 '나는 초나라 회왕의 손자 심(心)인데, 서초패왕(항우)에게 시해되어 침강(郴江)에 던져졌다'라 하고는 홀연히 사라졌다."

긴 시지만 첫 연만 인용했다. 이 시를 그냥 읽으면 등장하는 인물들로 보아 중국 전국시대 초한전쟁 때 일로 여길 것이다. 서초 패왕 항우에게 시해당한 초나라 의제를 기리는 글이라고 생각할 수 있으니까.

그런데 항우가 '의제의 시신을 침강에 던졌다'는 말과 '단종의 시신을 내버려 두었다가 동자가 수습해 물에 던졌는지 불에 던졌는지' 하는 김일손의 사초에 기록된 대목과 묘하게 닮은꼴이다. 의제를 죽인 항우(項羽) 대신 세조로 치환해 보라. 세조가 단종을 죽인 일을 은근히 비난하는 게 되지 않은가.

일타강사 유자광은 이런 묘한 닮은꼴에 주목하여 '조의제문(弔義帝文)'이 단종 죽음에 대한 김종직의 분한 마음을 은연중 나타냈다고 결론을 내렸다. 더욱이 유자광이 김종직과 서로 감정이 좋지 않은 사이였다는 점을 떠올리면 이 같은 결론은 당연했다.

김종직이 함안군수가 되어 그곳에 있는 학사루에 갔다가 우연히 유자광이 지은 시가 현판으로 걸려 있는 걸 본다. '남이의 옥'을 일으킨 간신배의 현판을 보는 순간 김종직은 피가 거꾸로 솟는 분노를 느낀다.

"유자광 따위가 감히 학사루에 현판을 걸 자격이 있느냐? 고매하신 선비들의 현판 가운데 어찌 쌍놈의 작품이 걸릴 수 있느냐?"

이에 수행하던 하인이 유자광이 그래도 관찰사를 지내지 않았느냐고 하자 김종직은 "관찰사가 아니라 정승이면 무엇하리. 쌍놈은 쌍놈이니라"며 유자광의 현판을 당장 떼 내게 했다고 한다.

이런 악연이 있음에 '처세의 달인'답게 유자광이 "옳다구나" 하고 무릎을 쳤다. 이 기회에 김종직과 그 일당에게 앙갚음할 수 있겠다는 생각이 머리를 스쳤음은 당연하다.

아무튼 이런 사적 배경까지 없은 유자광의 특별 과외를 들은 연산군은 문제의 심각성을 깨닫기 시작했다.

"세조께서 일찍이 김종직을 어리석고 못났다고 하셨는데, 김종직이 이것을 원망하였기에 글월을 지어 놀리고 논평한 것이다. 신하가 허물이 있음에 임금이 책망했다 해서 이렇게 하는 것이 옳은가. 여러 재상은 알아두라."

연산군의 전교는 김종직에 대한 질타를 넘어 재상에게 함부로 하지 말라는 경고까지 들어 있었다.

하지만 김종직이 세조에게서 꾸지람을 듣고 조의제문을 지었다는 논리는 사실과 다르다. 김종직이 1459년에 과거에 급제해 벼슬길에 나섰는데, 문제의 조의제문은 벼슬하기 전인 1457년에 지었기 때문이다.

연산군은 왜 사실까지 왜곡하며 김종직을 공격하려 했을까. 아마도 이극돈과 유자광 등 훈구세력이 원하는 게 무엇인지 알고 있었기 때문으로 보인다. 그 무렵, 성종 대부터 등용되기 시작한 사림파들이 제법 큰 세력을 형성하고 있었다. 정권의 주도권을 잡고 있다고 해도 틀리지 않을 상황이었다. 그렇다면 이들이 정신적 지주로 떠받드는 김종직을 깎아내리고 봐야 한다는 당위가 생긴다.

# 드디어 사림파

## 선비들을 죽이다

상황이 이쯤 되니 대신들이 나서서 이미 죽은 김종직을 처벌해야한다고 목소리를 높였다. 이때의 분위기가 어떠했는지는 짐작이 가리라. 훈구파는 물론이거니와 출세에 눈이 먼 자들이 이 기회에 눈도장이라도 확실하게 찍으려고 '처벌'의 함성 숫자를 쌓아 올렸다. 오죽하면 김종직의 제자인 이인형과 표연말도 죄주어 마땅하다고 거들 정도였으니까.

이런 장면은 요즘에도 자주 맞닥뜨린다. 분명 어제까지 자기가속한 당파를 위해 목숨까지 바치겠다던 인사가 하루아침에 변심인지 배신인지 모르지만 상대 당으로 넘어간다. 거기까지도 이해하기어렵지만, 더 가관인 건 거기서 살아남기 위해서일 텐데, 한술 더 떠친정 우물에 침까지 뱉는다.

아무튼 "입으로만 읽지 못할 뿐 아니라 눈으로 차마 볼 수 없는"

조의제문을 쓴 김종직을 두고 이렇게 한목소리의 똑같은 말로 복붙 (복사해서 붙여넣기)하듯 처벌의 원성이 넘치는 가운데, 사헌부와 사간원의 대간들이 나섰다.

> "김종직의 조의제문이 매우 사악하므로 죄가 너무 커서 목을 베어도 부족합니다. 그러나 김종직이 이미 죽었으므로 작호를 빼앗고 자손들이 평생 관리가 될 수 없게 함이 어떻습니까?"

이 순간 연산군은 심기가 불편했다. 김일손의 사초를 본다고 했을 때도 강력하게 반대했던 사헌부와 사간원 대간들이 올린 김종직 단죄의 수위가 자신의 기대치보다 낮았던 것이다. 죽은 자의 작호를 빼앗고 자손들의 출세길을 막는 것으로는 성이 차지 않았다. 연산군은 이들이 이보다는 더 강한 처벌을 주장하기를 바랐다. 결국 불똥은 이들에게 튀었다. 연산군은 이들을 심문한 후 이렇게 말했다.

> "김종직의 대역죄가 이미 나났났는데도 이 무리가 논의를 이렇게 하였으니, 이는 비호하려는 것이다. 어찌 이같이 통탄스러운 일이 있느냐. 그들이 앉아 있는 곳으로 가서 잡아다가 형장 심문을 하라."

사헌부와 사간원 대간들은 형장 30대씩을 맞았다. 이들은 망령된 논의를 했을 뿐 다른 뜻은 없다고 항변했지만 결국 유배까지 가야 했다. 이는 매우 중요한 의미를 지닌다. 지금까지 뜻을 함께했더라도 임금의 성에 차지 않으면 처벌을 면할 수 없다는 본보기가 된 것이다.

연산군의 친국은 7월 26일까지 이어졌다. 전날 여러 승지를 갈아치운 연산군은 승정원(비서실)에 비밀을 지키라고 엄명을 내린다. 그러고 사초 사건 관련자들에 대한 죄목을 의논하기 시작했다. 논의 결과 52명이 처벌되었다. 사형 6명, 유배 31명, 파직·좌천 등 15명이었다.

김종직과 그것을 읽고 그 사실과 의미를 사초에 옮긴 김일손, 권오복, 권경유, 이목, 허반은 대역죄로 능지처참(凌遲處斬, 머리, 팔, 몸통, 다리를 잘라서 죽이는 형벌)하고, 특히 김종직은 부관참시(剖棺斬屍, 죽은 자를 관에서 꺼내어 극형을 집행하는 것)당했다. 강겸(姜謙)은 같은 죄로 곤장 100대에 가산을 몰수하고 변경의 관노로 삼았다. 그것도 모자라 결국 1504년에 능지처참당했다. 말하지 말아야 할 궁중의 비사를 폭로한 표연말, 정여창, 홍한, 강경서, 이수공, 정희량, 정승조는 곤장 100대에 3천 리 밖으로 귀양을 보냈다. 그리고 이계맹, 김굉필, 임희재 등 김종직의 제자 10명도 붕당죄를 씌워 모두 곤장을 때린 후 귀양을 보냈다. 이렇게 대규모 벌을 내리면서 연산군은 다음과 같이 추가로 전교했다.

"김일손 등을 벨 적에는 백관에게 가보게 하라. 근일 경상도와 제천

등지에서 지진이 일어난 것도 바로 이 무리 때문에 그런 것이다. 옛사
람은 지진이 임금의 실덕에서 온다고 하였으나, 이번의 변괴는 이 무
리의 소치가 아닌가 여겨진다.”

역사는 이를 무오년에 선비를 죽인 사건이란 의미에서 '무오사화
(戊午士禍)'라 부른다.

자, 그러면 이 문제를 일으킨 사람들은 어떻게 되었을까. 주도자
라 할 수 있는 윤필상과 노사신, 한치형, 유자광 등 훈구파들은 공을
세웠다며 상을 받았다. 특히 유자광은 벼슬에 날개를 달았다.

그러면 개인적 치부를 감추려 하다가 일이 커졌음에도 속수무책
이었던 이극돈 등은 어떻게 되었을까.

“이극돈·유순 등은 처음에 아뢰려고 했다지만 빨리 아뢰지 않았으니
좌천시키는 것이 가하며, 어세겸은 비록 알지 못했다지만 이미 그 일
을 총괄하여 다스렸는데 누가 알지 못한다고 이르겠느냐. 파직하는
것이 어떠하냐? 대간 등의 일은 아뢴 바가 진실로 옳다.”

같은 훈구파였지만 이극돈이나 유순에게는 처벌이 내려졌다. 물
론 머지않아 이극돈은 광원군(廣原君)으로 봉해지는 등 다시 훈구파
의 권력 속으로 돌아오지만 말이다.

하지만 세상인심은 무오사화로 상을 받은 이들에게 호의적이지 않았던 모양이다. 《연산군일기》 1498년 11월 30일 치를 보면, 박원성의 고변 사건에 대한 기록이 보인다. 충청남도 천안에 사는 유분 등 몇몇 유생이 시국에 관해 논의했다.

> "그야말로 걸(桀)·수(紂)의 세상이다. 누가 벼슬하려고 하겠느냐. 어진 사람을 죽인 건 천하에 없는 큰 변괴이니, 오래지 않아 반드시 큰일이 있을 거다. 윤필상, 이 늙은 놈아! 일손이 비록 살았을지라도 어찌 네 벼슬자리를 빼앗아 가겠ㄴ냐 어찌 차마 죽인단 말이냐 유자광은 남이를 죽여 그 가산을 차지하고도 오히려 부족하게 여겨 또 어진 인재를 죽여 상을 타려고 한단 말이냐! 만일 내가 죽은 자의 자손이 된다면 마땅히 그놈들을 쏘아 죽이겠다."

연산군의 행태가 오죽하면 최악의 폭군으로 꼽히는 걸과 주에 비견됐을까. 상식이든 도리이든 도무지 납득이 가지 않는 행위 아닌가. 그래서 장삼이사들이 모여 불만을 토로한 것이다. 하지만 천안 사람 박원성이 이 사실을 고변함으로써 들통났는데, 논의에 참여했던 사람들은 처벌받았다고 한다.

어찌 보면 이런 일은 흔히 있을 수 있는 일 아닌가. 나라 돌아가는 꼴이 맘에 들지 않는다는 불평불만을 몇몇이 모여 서로 의견을 나누었을 뿐인데, 이게 처벌의 원인이 되다니. 하기야 지금도 이런 일이 전혀 없다고는 할 수 없다는 현실이 웃프긴(웃기고 슬프긴) 하다.

아무튼 무오사화는 우리 역사에서 선비들을 마구잡이로 죽인 첫 '사화'로 기록되면서 많은 교훈을 던져준다. 특히 첫 공식(?) 훈구와 사림의 대결에서 훈구파가 승리했다.

새는 좌우의 날개로 날고, 수레는 두 바퀴로 구른다는 진리를 거스른 이 시간은 그래서 우리의 어두운 역사가 되었다. 연산군에게 '폭군'이란 덧칠이 시작되기도 했던 그날 밤을 실록은 직유와 은유를 섞어 기록했다.

"큰 바람이 불고 큰 비가 물 쏟듯이 내린다."

갑
자
사
화

02

"우리 임금이 달라졌어요!"

연산군은 누구인가

"내 옷에 술잔 엎지른 자 국문하라"

연산군, 장녹수의 치마폭에 푹 빠지다

임사홍, 폐비 사건 진말을 고하다

"세좌의 죄는 반역보다도 심하다"

왕을 갈아치워 잘못을 바로잡다

# "우리 임금이
---

# 달라졌어요!"
---

무오사화가 조선 사회에 준 충격은 상상 이상이었다. 유교 질서에 혼란을 준 계유정난만큼이나 영향력은 컸다.

시작은 이극돈이 자기 치부를 감추려는 의도에서 유자광을 끌어들였고, 유자광은 사림파를 공격해 훈구파의 기득권을 지키려고 연산군을 이용했다. 연산군은 이걸 다시 왕권을 강화하는 수단으로 활용하는 한편 이극돈에게 처벌을 내림으로써 훈구파에게도 경고장을 날리는 이른바 일거양득의 효과를 만들어 냈다.

사실 계유정난은 그 자체로 금기어이긴 했지만 나름 사림에서는 옳지 않은 일이라고들 비판이 시들지 않았었다. 그런데 세조의 뒤를 이은 왕들은 계유정난이 자신들의 왕권을 약화시키는 이유가 된다는 점에서 계유정난 비판을 하지 못하도록 '입틀막(입을 틀어막다)'했다.

갑자사화

백번 양보해 후세 왕이 자기 아버지나 할아버지에 대한 비판이 듣기 싫어 자기의 절대권력을 휘둘렀다고 이해할 수 있기도 하다. 하지만 이들이 누군가. 왕 아니던가. 왕은 사사로운 한 가문의 대를 잇는 종손이 아니다. 한 나라를 대표하고 통치하는 절대 지존이다. 이 나라에는 전주이씨만 있는 게 아니다. 강릉최씨, 안동김씨, 한양조씨, 파평윤씨… 등 1천만 명(조선 전기 인구는 대략 1천만 명 전후로 보는 견해가 다수임)이 있었다. 이 모든 사람을 대표하는 자리가 바로 왕이다.

그래서 왕이 사사로운 집안일에 얽매이면 안 되는 이유다. 지금의 대통령과 비유해 보자. 한 나라의 대통령이 공과 사를 구분하지 못하고 개인적인 일에만 매달린다고 하면, 국민이 그걸 용납할까. 언론이든 국민이든 나서서 비판한다. 물론 권력자로서는 이들의 비판을 입틀막 하고 싶겠지만, 입틀막 했다간 그 입틀막마저 비판의 대상이 된다.

물론 지금은 조선 시대와 다르다고 할지 모르겠다. 결론부터 말하면 그렇지 않다. 알다시피 조선 시대에도 '언로'가 상당히 열려 있었다. 특히 사헌부·사간원·홍문관으로 상징되는 언론 '삼사'를 두어 왕이든 관료든 잘못이 있으면 비판하는 걸 미덕으로 삼았다. 우리가 상식적으로 생각하는 것보다 왕의 절대권력은 작았고, 신하의 견제는 컸다. 오죽하면 조선 시대를 '군신(君臣)'의 나라라고 하지 않은가.

군신은 임금과 신하를 말하는데, 신하가 임금에게 예속된다기보다는 수평적 관계에서 나랏일을 함께 의논하고 시행했다는 의미다. 하지만 사극이나 소설 등을 통해 임금의 권력이 '절대 권위'를 지닌 것으로 묘사돼 군신 관계가 사실과 다르게 다소 왜곡된 면도 있다.

극단적인 예이지만, 중종반정으로 연산군을 몰아내고 왕이 된 중종이 처음 경연에서 반정을 이끈 삼대장(박원종·류순정·성희안) 등 대신들에게 보인 모습이 상징적이다. 중종은 일어나서 나가는 대신들에게 인사를 했다. 우리가 지금까지 알고 있는 상식으로는, 경연이 끝나면 신하들이 임금에게 인사드리고 나가야 한다. 그런데 되레 그 반대였다. 거짓이라며 수긍을 안 할지도 모르겠는데, 사실이다. 이는 왕과 신하의 관계가 우리가 알고 있는 것과는 거리가 있음을 보여준다.

그런데 이런 군신 관계의 균형추가 깨지면 예삿일이 아니다. 어느 일방의 힘이 자신의 입지를 더 강화하기 위해 상대방을 공격하기 때문이다.

무오사화는 연산군이 증조할아버지인 세조에 대한 비판을 견디지 못하고 그 비판자들에게 칼날을 겨눈 일이라는 사실을 앞에서 살펴보았다. 이때 많은 사림이 희생된 것에 주목해 보자.

훈구파들이야 연산군의 비위를 맞추며 자신들의 기득권을 유지하려는 세력이었으므로 언제나 연산군의 우군이다. 문제는 이 훈구파의 국정농단을 견제해야 하는 사림파의 몰락이다. 사림파의 몰락은 힘의 균형을 잃게 만든다. 견제와 균형은 제로섬(zero sum, 모든 이득의 총합이 항상 제로가 되는 상태) 게임과 같아서 한쪽이 무너지면 그 무너진 양만큼 이긴 쪽이 갖게 된다. 다시 말해 사림파의 몰락으로 훈구파의 영향력이 더 커졌다는 얘기다.

그런데 훈구파와 같은 편이랄 수 있는 임금에게는 이 상황이 그렇게 달갑지만은 않다. 속담에 "오냐 오냐 했더니 할아버지 상투까지 잡아 흔든다"라는 말이 있지 않은가.

연산군은 이 점을 경계했다. 자칫 훈구파도 마냥 오냐 오냐 하면 나중엔 함부로 대들겠구나 싶었던 것이다. 그래서인지 무오사화 이후 연산군은 '우리 임금이 달라졌어요'라고 할 만큼 정사나 생각이나 생활이 달라졌다.

그런데 한때 유행어가 됐던 텔레비전 프로그램 〈우리 아이가 달라졌어요〉의 결말과는 그 반대로 달라졌다는 데 문제의 심각성이 도사리고 있다. 텔레비전 프로그램의 결말은 말썽 피우던 아이가 육아 교육전문가의 도움을 받아 가르쳤더니 우리가 바라는 착한 아이로 바뀌었다. 그런데 연산군은?

# 연산군은 누구인가

무오사화를 주도한 인물이 누구냐는 질문에 '유자광'을 꼽을지 모르겠는데, '연산군'이라는 대답도 엇비슷하게 나온다. 그만큼 연산군이 왕권을 강화하기 위한 수단으로 '김일손의 사초' 사건을 활용했기 때문이다.

그렇다면 앞으로 이야기할 '갑자사화' 또한 연산군과 직결되는 이야기인지라 도대체 연산군이 어떤 인물이었고, 이때까지 정치는 어떻게 해왔는지를 살펴볼 필요가 있다. 무오사화 편에서가 아니고 굳이 갑자사화 편에 와서 연산군을 자세하게 살펴보려는 건 일종의 복선과 같은 것임을 밝힌다.

우리는 '연산군' 하면 으레 '폭군'이라는 연관검색어부터 떠올린다. 하지만 잠시 이 연관검색어를 옆으로 젖혀 놓기를 바란다. 선입

견 없이 객관적으로 연산군을 만나볼 필요가 있기 때문이다. 해서 이후의 이 꼭지 글에서 잠깐 '연산군'을 '임금'으로 객관화한 용어를 쓰겠다.

사실 연산군은 성종 대의 세자 시절부터 무오사화를 일으킬 때까지는 '폭군'이란 수식어와는 약간의 거리가 있었다. 오히려 가치중립의 호칭으로 부르는 것이 더 사실에 가까울 것이다.

연산군은 나름 정통성이 확실한 임금이었다. 조선 시대 가장 완벽한 정통성을 가진 단종 이후 오랜만에 왕의 정비에게서 태어난 맏아들인 적장자 출신의 왕이다. 단종은 세종 때 세자였던 아버지 문종의 아들로 태어났고, 문종 때 세자가 되었다가 왕위를 물려받은 왕이기에 세손과 세자의 정통성까지 갖춘 왕이었다.

아무튼 융(漋, 연산군)의 어머니는 후궁에서 정비가 된 윤씨이다. 흔히 '폐비 윤씨'로 불리는 인물로, 드라마나 영화에서 표독스러운 이미지가 덧씌워져 있다.

세조와 함께 계유정난을 주도한 훈구파의 거두 한명회의 딸인 공혜왕후가 성종과 가례를 올린 후 6년이 지나도록 아이를 낳지 못했다. 그러자 집현전 학자 출신 윤기견의 딸인 윤씨가 간택 후궁으로 궁에 들어갔다고 한다.

이 무렵의 《성종실록》(1476년 7월 11일)을 보면 윤 씨는 "허름한 옷을 입고 검소한 것을 숭상하며 일마다 정성과 조심성으로 대하였"을 만큼 조신한 여성이었다. 더욱이 윤 씨는 겸손함도 갖추고 있었다.

> "저는 본시 덕이 없는 데다가 과부의 집에서 자라나 보고 들은 것이
> 없으므로 사전(四殿, 대전, 대왕대비전, 중궁전, 세자궁)에서 선택하신 뜻
> 을 저버리고 주상의 거룩하고 영명한 덕에 누를 끼칠까 몹시 두렵습
> 니다."

《성종실록》에 보면 성종이 이런 윤 씨의 성정을 무척 좋아했다는
기록이 곳곳에 나온다. 그래서인지 공혜왕후가 죽고 삼년상이 끝난
후 따로 간택령을 내리지 않고 후궁인 윤 씨를 중전으로 책봉했다.
이때 후궁이 모두 네 명이었는데, 윤 씨는 임신 중이었다. 아마도 이
점을 가장 높이 산 것으로 보인다. 그 무렵 윤 씨는 후궁이 된 지 1
년밖에 되지 않았기에, 성종의 마음은 다른 두 후궁에게 있었다고
하는 말도 전한다.

어쨌든 이런 가운데 윤 씨가 아들을 낳는데, 그가 바로 적장자 융
이었다. 왕의 적장자는 곧바로 '원자'로 대접받는데, 이는 다음 왕
자리를 이을 영순위를 의미한다.

문제는 성종의 여성 편력이었다. 성종은 재임 중 12명의 후궁에
게서 총 28명의 왕자와 공주를 두었다고 한다.

그렇지만 윤 씨는 아들까지 낳았다. 더군다나 중전이다. 이제 근
심 걱정 따윈 없을 것 같았다. 하지만 중전도 사람인지라 여느 사람

과 크게 다르지 않다는 문제는 사라지지 않았다. 자꾸만 후궁의 처소로 발길을 옮기는 남편 성종이 미워지기 시작한 것이다. 그 미움은 또한 당연히 남편이 좋아하는 여자에게로 향할 수밖에 없었다. 이건 인간적인 너무도 인간적인 행위라 할 수 있다. 하지만 당시 법도는 그렇지 않았다. 남편이 아내를 쫓아낼 수 있는 구실 7가지 중에 '질투심'이 들어가 있음에 주목하자.

이런 틈바구니에서 윤 씨는 성종과 사사건건 부딪치게 되었고, 그 부딪침은 점점 임계점을 향해 치닫게 되었을 테다. 결국 윤 씨의 생일에도 성종은 후궁의 처소로 발길을 향했다고 한다. 그런 불화 끝에 성종이 중전의 처소에 갔다가 독약이 묻은 곳감과 주술서를 보게 된다.

이 일을 계기로 윤 씨에 대한 폐위 얘기가 공공연하게 나왔고, 성종의 어머니인 인수대비 한 씨가 특히 주도하여 결국 윤 씨를 폐위시킨다.

폐비의 원인으로 널리 알려진 '성종의 얼굴에 낸 손톱자국' 사건에 관해서도 얘기하고 넘어가자. 결론부터 말하면 이 이야기가 진짜인지 가짜인지는 밝혀지지 않았다. 정사라 할 수 있는 실록에는 기록이 없고, 야사로만 전하는 얘기이다.

1638년에 나온, 기묘사화와 관련한 정황을 적은 《기묘록》에 이런 이야기가 나온다.

> "교만하고 방자하여 여러 숙원(후궁 정 씨와 엄 씨를 말함)을 투기하였
> 고, 임금에게도 불손하였다. 하루는 임금의 얼굴에 손톱자국이 있으
> 므로 인수대비가 크게 노하여 임금의 권위를 격동시켰다."

이 얘기는 이긍익이 쓴 조선의 역사서《연려실기술》에도 나온 것
으로 봐서 사실무근이라고 일축하기도 어렵다.

이런 상황에서 윤 씨의 폐비 문제는 많은 신하가 반대했다. 윤 씨
를 위한 변호가 아니라 윤 씨의 아들, 즉 원자를 위해서였다. 어머니
가 없는 원자는 유교 법도 상 있을 수 없는 일이다.

하지만 성종은 그렇게 입에 침이 마르도록 칭찬하던 윤 씨를 결
국 폐위했다. 이에 원자 융은 이복동생 진성대군(훗날 중종)을 낳은
계모이자 중전인 정현왕후 윤 씨의 보살핌을 받고 자란다.

여기서 우리는 친어머니와 계모 모두 성씨가 '윤 씨'라는 점을 분
명히 기억해야 한다. 이 점이 나중에 일어나는 한 사건의 매우 중요
한 단서가 되기 때문이다. 아무튼, 원자는 계모 윤 씨를 친어머니로
알고 지냈을 정도로 두 사람 사이의 관계는 좋았다고 한다.

융은 어머니 윤 씨가 사사된 그해인 1483년 2월 6일, 일곱 살에
세자에 공식 책봉된다.

> "나면서부터 영리하여 일찍부터 어질고 효성의 성품이 현저하여, 총
> 명이 날로 더해가 장차 학문의 공이 융성할 것이니, 마땅히 동궁에서

덕을 기르고 대업을 계승할 몸임을 보여야 할 것이다. 그래서 너를 세
워 왕세자로 삼는다."

세자는 보통 여덟 살에 갖는 입학례를 조금 늦은 열두 살에 치렀
다. 입학례란 성균관에 입학하여 본격적인 세자 수업을 받는 걸 가
리킨다. 늦어진 특별한 이유는 알려지지 않았다. 그렇다고 이 일을
그렇게 중요한 문제로 여기지는 말자. 다만 어려서 너무 공부에 시
달렸던 아버지 성종의 배려 정도로 이해하고 넘어가면 될 듯싶다.
물론 세자 융도 공부에는 큰 관심이 없었던 것 같기도 하다. 오죽하
면 성종이 세자가 "열일곱 살인데도 문리를 깨우치지 못해서 걱정
된다"고 하면서 이것저것 방법을 달리하며 가르쳤다고 할 정도였으
니까.

세자의 서연(書筵, 조선 시대에, 왕세자에게 경서를 강론하던 자리)과 얽
힌 사연 하나 털고 가자. 세자에게는 두 스승 허침(許琛)과 조지서(趙
之瑞)가 있었다. 두 사람의 교육 방법은 달랐다. 허침은 엇나가려는
세자를 부드럽게 대했고, 조지서(趙之瑞)는 말을 안 들으면 상감에게
고하겠다고 해서 말다툼을 벌였다고 한다. 그러자 세자는 벽에 "허
침은 성인이고, 조지서는 소인배"라는 낙서를 했다고 한다. 훗날 왕
이 되어 갑자사화 때 이 때문인지는 모르지만 조지서는 처형됐다.

또 세자의 가슴 한편에 남아 있을지도 모를 '그리움'이라며 전하
는 일화도 보고 가자.

세자와 이복동생 진성대군이 넘어졌을 때 어머니 정현왕후가 진성대군을 먼저 일으켜 주었던 일이 있었다고 한다. 이 일을 두고 호사가들은 의붓아들보다 친아들을 더 사랑할 수밖에 없다고들 입방아를 찧었다. 이건 너무 나간 해석이란 생각이 든다. 나이가 더 어린 아이를 먼저 일으켜주고, 큰 아이는 스스로 일어나도록 하는 게 당연하지 않은가.

어느 날 궐 밖에서 사냥하고 돌아오는 세자에게 성종이 "어떠했느냐?"고 묻자 세자가 내놓았다는 대답도 견강부회의 느낌이 강하다. 세자는 특별한 일은 없었지만, 기이한 일이라면 이런 것이 있었다고 말했다.

> "송아지 한 마리가 어미 소를 따라가는데, 그 어미 소가 소리를 내면 그 송아지도 문득 소리를 내어 응하여 어미와 새끼가 함께 살아 있으니 이것이 가장 부러운 일이었습니다."

이 이야기를 실은 《아성잡기(鵝城雜記)》는 이렇게 덧붙였다.

> "성종은 이 말을 듣고 슬피 여겼다. 대개 연산군이 본성을 잃은 것은 윤 씨가 폐위된 데 원인이 있는 것이지만, 왕위에 처음 올랐을 때는 자못 슬기롭고 총명한 임금으로 일컬어졌었다."

이렇게 세자가 왕이 되기 위한 과정을 거치는 동안 그런대로 별 탈 없이 지내는 듯했다. 그리고 1494년 12월 24일 성종이 이승에서의 삶에 마침표를 찍는다. 그로써 세자는 왕위에 오르게 되었다.

임금의 초창기 정치는 나름 나쁘지 않았을 뿐 아니라 지극히 정상이었다. 당시 쳐들어오는 왜구를 막기 위해 비융사(備戎司, 비변사의 전신)를 설치해 국경의 경비를 강화했다. 싫어했지만 경연에도 자주 참여했다. 또 빈민 구제를 위해 애썼으며, 부정부패를 없애려고도 노력했다. 특히 할머니 인수대왕대비를 비롯한 작은할머ㅣ 인혜대왕대비(예종비), 계모 자순왕대비(정현왕후) 등 왕실 어른들에게도 깍듯했다.

임금은 나중에 자신이 폐지하기는 하지만, 즉위 초기만 해도 세종 때부터 실시해 오던 사가독서(賜暇讀書)를 실시했다. 사가독서는 젊은 문신들에게 휴가를 주어 집에서 책만 읽도록 하는 제도였다. 훌륭한 인재를 양성하려는 의도에서 실시했다.

다만 임금은 아버지 성종 대에서부터 뼈저리게 느꼈던 신하들의 거센 등쌀이 마음에 걸렸다. 왕의 권위가 서지 않아 아쉬움이 컸던 셈이다. 그는 다짐했으리라. 나는 절대로 그런 임금이 되지 않겠다.

임금이 즉위 직후인 1495년 1월 30일에 부친의 영혼을 위로하기 위해 개최한 수륙재(水陸齋)에 관한 분명한 입장을 보면 그 일면을 알 수 있다. 이날 《연산군일기》를 보면, 유생들이 불교식 제례는 안된다며 비판하자, 임금이 이 비판자들을 벌주려 했다. 그러자 대간과 홍문관에서 반대했다. 하지만 임금은 "위를 능멸하는 풍습을 고치지 않을 수 없다"는 말로 단호함을 내보였다.

성종의 묘호를 정할 때도 임금의 카리스마가 작렬했다. '인종'이냐 '성종'이냐를 두고 설왕설래가 있자, 임금은 제도를 정비하고 기틀을 다진 왕이란 의미에서 '성종'으로 결정한다. 그런데 얼마 뒤 '인종'을 주장한 자들을 처벌까지 한다. 대간들이 처벌을 강하게 반대했지만, 임금은 꿈쩍도 하지 않았다.

이랬던 임금은 훈구파와 손잡고 일으킨 사화를 왕권 강화 수단으로 삼았다. 많은 선비를 숙청하는 과정에서 임금은 그동안 알게 모르게 진행되던 심경의 변화를 노골적으로 드러내기 시작한다.

이제 임금의 작호를 커밍아웃하여 다음 이야기로 넘어가자. 임금은 '연산군'이다.

갑자사화

# "내 옷에 술잔 엎지른 자

## 국문하라"

**1503년 9월 11일, 경복궁 인정전**

양로연(養老宴)이 열렸다. 양로연은 여든 살이 넘은 어른들을 공경하
는 뜻을 담아 임금이 직접 마련하는 잔치다. 이 기쁜 잔치가 끝나고
느닷없이 연산군은 이렇게 물었다.

> "오늘 잔을 올린 재상들에게 회배(回盃, 술잔을 돌림)를 내릴 때, 반 이
> 상을 엎지른 자가 있는데, 이런 일이 어떤가?"

승정원은 공손하지 못한 행동으로, 신하라면 어찌 이런 일을 할
수 있겠느냐고 답했다. 그러자 연산군 입에서 폭탄 발언이 나왔다.

"예조판서 이세좌(李世佐)가 잔을 준 뒤 회배를 내릴 적에 내가 잔대
를 잡았는데, 세좌가 반이 넘게 엎질러 내 옷까지 적셨으니, 국문하도
록 하라."

　　신하가 임금에게서 받은 술잔을 엎질렀다는 건 있을 수 없는 일
이다. 하지만 일부러 엎지른 게 아니고 실수로 그랬다면 그건 기분
나쁘다는 감정 표현 한 번 하면 충분히 넘어갈 수도 있는 일이다. 그
런데 연산군은 '국문'하라고 명령을 내린다. 국문이라면 죄인으로
심문하라는 것 아닌가. 아무리 신하가 임금의 술잔을 엎질렀기로서
니 '죄인' 취급하는 발상 자체가 이해하기 어렵다.
　　하지만 이 사소하다면 사소한 사건이 연산군의 화를 돋우어 조사
까지 하게 한 것은 앞으로 어떤 큰일도 벌어질 수 있다는 복선을 담
은 아주 작은 나비의 날갯짓이다. 이 사건을 조금 더 따라가 보자.
　　연산군은 이튿날인 12일에 이 일로 죄 주는 게 지나치다고 생각
했는지 죄상을 과장하라고까지 했다. 옷까지 젖어서 오래도록 마르
지 않았고, 더욱이 예를 다루는 신하가 업무적 실수와 다른 공경스
럽지 못한 게 문제라는 것이다. 그러면서 추국 전지에 "소리가 나도
록 엎질러 어의까지 적셨다"라는 말을 더 써넣으라고 했다.
　　결국 이세좌는 15일 자리에서 쫓겨났다. 이세좌가 "숨이 헐떡여
진정하지 못하고, 신체가 비둔하여 공경하고 조심하기를 지나치게
하다 엎지르는 줄도 몰랐다"라고 말했다. 하지만 연산군은 그건 변

명에 불과하다고 일축했다. 그러자 승지 허집(許輯) 등이 일부러 그랬겠느냐며 그를 옹호하려 했지만 통하지 않았다.

여기까지의 전개만 보면, 특이하다. 술잔 엎지르는 걸 가지고 직책까지 빼앗는다? 도무지 상식적이지 않다. 도대체 그 행간에 무엇이 숨어 있을까?

이세좌는 무오사화를 얘기할 때 그 이름을 기억하라고 한 바로 그 인물이다. 그땐 연산군과 입장을 함께하는 신하였다. 하지만 훗날 밝혀진 연산군의 생모 폐위 및 사사 사건에서 한 역할이 행간에 있다.

이세좌는 당시 좌의정이었는데, 성종이 윤 씨를 폐위할 때 말리지 않았을 뿐만 아니라 사사할 때 직접 사약을 들고 갔다. 이 사실을 안 이세좌의 부인이 이렇게 말했다고 한다. 최영년이 쓴 야담집《실사총담(實事叢談)》에 전하는 얘기다.

"어미가 죄 없이 죽임을 당했으니, 어찌 자식의 보복이 없겠는가. 우리 자손의 대가 끊기겠구나!"

연산군은 술잔을 엎지른 걸 고의로 봤을 뿐만 아니라 신하들의 임금에 대한 능멸(凌蔑), 즉 업신여기고 깔보는 행태라고까지 생각한 것이다. 이 일에 이어 일어나는 '홍귀달 사건'도 이와 그 궤를 같이한다. 무오사화에서 손녀 입궐을 거부했다던 그 홍귀달이다. 여기서는 좀 더 자세하게 살펴보자.

홍귀달(洪貴達)은 이시애 난 때 공을 세워 성종의 신뢰를 쌓은 인물이다. 성종에게 밤에도 경연을 하자고 할 만큼 학문에 관심이 많은 홍문관 대제학에 두 번 오른 선비다. 특히 연산군 즉위 초기만 해도 홍귀달은 눈여겨본 자라며 연산군이 직접 낙점하던 인물이었다.

하지만 무오사화 때 김종직과 절친이었던 홍귀달에게도 불똥이 튀었다. 그때 홍귀달은 홍문관 대제학으로 《성종실록》 편찬에 참여하고 있었다. 사관의 사초를 연산군이 보는 과정에서 홍귀달은 반대 의견을 개진했다. 그 결과 파직되기는 했으나 《성종실록》을 마무리해야 하는 상황에서 곧 복귀한다.

하지만 홍귀달의 소신은 바뀌지 않았을 뿐 아니라 오히려 더 강해졌다. 1500년, 11개에 달하는 장문의 상소 '정부소(政府疏)'를 올린 것이다. 파탄에 빠진 백성을 구하고, 간언을 귀담아듣고, 언로를 막지 말라는 내용이었다.

아무리 친한 사이라도 비판이 거듭되면 신뢰 관계에 금이 가기 마련이다. 홍귀달은 점차 연산군의 눈 밖으로 밀려나고 있었다. 이때 연산군은 후궁을 간택하겠다며 간택령을 내리며, 홍귀달의 아들인 참봉 홍언국(洪彦國)의 딸인 손녀도 포함했다. 홍귀달은 자신이 데려다 키우는 손녀가 병이 있어 낫거든 들게 하겠다고 아들더러 고하라고 했다.

그런데 이게 '손녀 후궁 입궐 거부' 사건으로 비화한다. 이 사건은 생각보다 일파만파 커지면서, 연산군은 신하의 임금에 대한 '능멸'로 간주한다. 임금을 우습게 알지 않고선 절대 일어날 수 없는 일이라고 여겼다.

1504년 3월 13일 연산군이 "이세좌가 대신으로서 불경죄를 범하였으니 무릇 재상 된 자는 의당 세좌로 경계를 삼아야 할 것"이라며, "홍귀달이 그 아들을 비호하려고 한 말이 불공하여 위를 능멸하기를 이같이 하였다"라고 했다는 지시를 보면 행간의 의미를 읽을 수 있다. 홍귀달에 대한 연산군의 신뢰가 바닥으로 내려갔음을 상징한다.

# 연산군,

## 장녹수의 치마폭에 푹 빠지다

많은 역사가가 연산군에 대해 언급할 때 즉위 초기의 모습은 지극
히 정상이었다고 말한다.

사창(社倉, 곡물 대여 기관)이나 상평창(常平倉, 물가 조절 기관), 진제
창(賑濟倉, 굶는 백성 돕는 기관) 같은 걸 설치하여 빈민을 구제했다.

백성을 위하는 연산군의 정책은 그뿐이 아니었다. 《연산군일기》
1496년(연산군 2년) 2월 1일 치를 보자. 우리가 알고 있던 연산군이
맞을까 싶을 만큼 획기적인 정책을 지시한다. 그 무렵 '승려'가 되려
는 사람들이 많았다. 이는 거친 밥과 나물을 먹으며 수행하려는 게
아니었다. 지나친 세금과 노역을 피하기 위함이었다. 특히 노역이
과하여 농사지을 사람이 없을 정도였다. 이런 상황을 인식한 연산군
은 이들이 생계의 이익이 없어 출가하는 것이므로 생계를 넉넉하게
할 방도를 찾으라는 교지를 내렸다.

또 함경도 국경에 왜구 침입이 잦자 비융사(備戎司, 훗날 비변사가 됨)를 설치하여 대비하였고, 일본에서 원숭이를 선물로 보내오자 비용만 많이 들고 아무짝에도 쓸모없는 동물이 무슨 소용이냐고도 했다.

다른 한편으로는 훈구파의 기득권 정치에 대한 문제의식이 많았다. 대신들의 입김이 세면 셀수록 왕권은 약화하기 마련이다. 이에 임금은 나름 왕권을 세우려고 노력했다.

연산군은 초기에 이렇게 정치를 했다. 그런데 무오사화 이후 연산군은 그동안의 모습과 달라지기 시작했다. 무오사화를 통해 선비들에게 함부로 덤비지 말라는 경고를 날린 탓인지 자신감이 넘쳤다. 자신감이라고 하기보다는 억지라고 하는 게 정확한 표현일 것이다. 자신이 옳다고 생각하면 그 어떤 논리로도 반박할 수 없는 일들이 잦아지고 있었기 때문이다.

하지만 정상적인 왕의 모습에서 아주 크게 벗어나지는 않았다. 사림파에게 특별히 더 호전적이지도 않았다. 사림파든 훈구파든 의견을 내면 어느 정도 수용하는 모습도 보였다.

예를 들어보자. 무오사화 때 사림파 공격의 핵심 증거인 김종직의 '조의제문'을 찾아냈던 유자광이 갓끈 떨어질 신세에서 왕릉 조성을 책임지는 산릉 제조(山陵提調)에 임명되었다. 사헌부와 사간원이 날 선 비판을 했다. 더 좌불안석이 된 유자광은 임금에게 잘 보일 방도를 찾는다. 마침 그때 함경도에 연산군을 비방하는 벽서를 나붙었다. 유자광은 그걸 조사하라는 명을 받고 갔다. 거기서 사사로이 전복과 굴을 채취해 연산군에게 헌상한다.

그러자 유자광이 무슨 자격으로 이 특산물들을 채취하게 하고 역마를 마음대로 부려 보내느냐며 조사하라는 요구가 나온다. 이에 대해 연산군은 유자광이 좋은 물건을 보고 진상하고 싶었을 뿐 다른 뜻이 있었겠느냐며 두둔한다. 하지만 대간들은 물러서지 않고 끈질기게 유자광의 죄가 심하다며 계속 처벌을 요구하였고, 연산군 역시 요지부동의 모습을 보이면서 이 논란이 한 달 이상 지속됐다. 그러다 결국 연산군이 두 손 들어 이들의 요구를 받아들였고, 유자광은 관직에서 물러난다.

고집이 세긴 하지만 대간들의 집요함도 만만치 않은 이 일화에서 우리가 지금 인식하고 있는 연산군의 비정상적 모습을 찾기란 쉽지 않다. 만약 유자광의 처벌을 주장한 대간들이 처벌되었다면 또 모르겠으나, 처벌했다는 기록은 없다.

그런데도 연산군은 이 무렵부터 알게 모르게 심경의 변화가 시작된 것으로 보인다. 그 무렵 수년에 걸쳐 가뭄이 심하게 들어 백성들의 삶이 팍팍했다. 하지만 연산군은 채청색 공작 날개를 비롯해 흰 고래 수염, 백청밀(꿀), 심지어 진주까지 널리 구해서 보내라고 했다. 그것뿐이 아니었다. 살아 있는 살쾡이나 천둥과 번개 같은 재변을 물리칠 산 여우까지 잡아서 올리라고 명했다.

뭔가 이상하지 않은가. 정상적인 시각으로 보면 특이하다. 이 특이한 물건의 진상 요구 행간에 변화하는 연산군의 모습이 담겨 있다고 하면 지나친 상상일까. 더욱이 이 특이한 물건은 일상생활과는 크게 관련이 없다. 굳이 연관 짓자면 '사치'에 가깝다. 그런데 이 사치는 무엇을 동반하는가. 그렇다. '향락'이다. 연산군이 서서히 사치와 향락에 빠지기 시작한 것이다.

연산군은 사냥도 즐겼다. 조선 시대 왕들은 사냥을 취미로 삼았다. 세종이나 세조, 태종, 성종 등도 빈번하게 사냥을 나갔다. 그런데 연산군의 경우에는 사람들이 사냥 '놀음'이라는 표현을 써 가며 부정적인 모습을 보인다. 이는 연산군의 사냥이 성상을 벗어난 기이한 모습을 보였기 때문으로 보인다. 대궐 안에 매를 기르는 응방(鷹坊)을 설치하거나, 도성 사방에 백 리를 한계로 모두 금표를 세워 그 안의 마을을 폐지하고 주민을 철수하도록 했다. 심지어 흉년이나 천재지변이 일어나도 낮과 밤을 가리지 않고 수렵을 즐겼다고 한다.

이렇게 되자 사방에서 우려하는 목소리가 나오기 시작했다. 왕권을 백성들을 위해서가 아니라 자기 자신의 향락 추구를 위해 쓴다는 건 연산군 개인으로나 조선이라는 나라로나 불행한 일이다. 오죽하면 대신들이 사치는 무익하다며 씀씀이를 줄이라고까지 했을까.

그런데 이런 권력자 주위에는 간신배나 요부가 등장하기 마련이다. 이때도 예외는 아니었다. 우선 문제의 여인 장녹수(張綠水)부터 보자.

장녹수는 어머니의 신분에 따라 천민으로 태어난 여성이다. 그

녀는 예종의 셋째아들 제안대군 집 가노의 아내가 되었다가 노래와 춤을 배워 기생이 된다. 그런데 "얼굴은 보통을 넘지 못했으나, 남모르는 교묘한 수단과 요사스러운 아양"은 견줄 사람이 없었을 만큼 뛰어났던 터여서 장녹수가 연산군의 마음을 사로잡았을 것으로 보인다. 장녹수는 "노래를 잘해서 입술을 움직이지 않아도 소리가 맑아서 들을 만하였다. 나이는 서른이었는데도 얼굴은 열여섯 살 아이와 같았다"(《연산군일기》1502년 연산 8년 11월 25일)고 한다.

이런 장녹수가 내로라하는 기생으로 이름을 날리자, 연산군이 이 소문을 들었을 테고, 궁으로 불러들여 후궁을 삼았다. 그런데 이 장녹수가 보통이 아니었다. 연산군을 쥐고 흔들었다는 표현이 맞을 것이다. 《연산군일기》 기록을 보자.

> 왕을 조롱하기를 마치 어린아이같이 했고, 왕에게 욕하기를 마치 노예처럼 했다. 왕이 비록 몹시 노했더라도 장녹수만 보면 반드시 기뻐해 웃었으므로, 상을 주고 벌을 주는 일이 모두 그의 입에 달렸다."

장녹수의 위세를 보여주는 일화다. 기생 옥지화가 실수로 장녹수의 치마를 밟았던 적이 있었다. 가까운 거리에서 부대끼다 보면 치마를 밟을 수도 있으리라. 하지만 어디 감히 장녹수 치마를 밟느냐고 호통치던 시절 아닌가. 연산군은 그런 기대(?)를 저버리지 않았다. 옥지화를 벌주라고 명령한 것이다. 이게 비상식적임은 누구나

087

안다. 하지만 당시 대신들이 되레 옥지화의 죄가 지극히 '만홀(漫忽, 함부로 하는 버릇 없는 행실)'하다며 왕의 분부가 지당하다고 거들 정도였다. 결국 옥지화는 죽는다.

장녹수의 치마폭에 푹 빠져 지내던 연산군은 장녹수의 형부에게 벼슬을 내리는가 하면, 장녹수의 사가를 새로 짓게까지 하였다. 이런 일도 있었다. 동지중추부사 이병정이, 하루는 장녹수 집 하인에게 모욕당했어도 난리를 피우기는커녕 되레 개인 돈으로 뇌물을 바치고 화를 피했다는 얘기가《연산군일기》에 버젓이 나온다.


이번에는 사치 향락에 빠진 연산군 최측근으로 부상한 임사홍(任士洪)과 그의 아들 임숭재(任崇載)에 관한 얘기를 해보자.

임사홍은 태종의 둘째 아들 효령대군의 손녀와 결혼한 외척으로, 큰아들 광재는 예종의 딸과, 넷째 아들 숭재는 성종의 딸과 각각 결혼하여 조선 왕실과는 떼려야 뗄 수 없는 사돈 관계를 맺고 있는 인물이다. 이쯤 되면 '무조건' 훈구파로 분류할 수 있는 인맥이다.

하지만 셋째아들 임희재는 김종직의 문하생이어서 김일손과 같은 무리로 지목되는 사림파였다. 후에 임희재는 집안 병풍에 왕을 비방하는 시를 직접 썼다가 걸려 유배되기도 하였지만, 이때는 풀려난 상태였다.

임사홍은 이 무렵 숭록대부 지중추부사로 있으면서 삼정승의 후보로 거론될 만큼 나름 권력을 갖고 있었다.

하지만 한때 바른말 하던 선비였던 임사홍은 성종 때 김주라는 사람과 재혼한 과부 조 씨 사건을 처리하게 된다. 과부 조 씨의 오빠는 누이의 재산이 김주의 것이 되는 게 못마땅했다. 그래서 두 사람 사이를 갈라놓을 목적으로 김주가 여동생을 강간했다고 신고했다. 조사 결과 무고(誣告)로 결론이 났다. 그러자 처벌이 두려운 조 씨 오빠가 사건 수습을 위해 좌부승지 한한(韓僩)에게 뇌물을 주었다. 한한은 도승지 현석규를 제쳐두고 임사홍과 홍귀달에게만 선처를 부탁했다. 하지만 나중에 자신만 쏙 빼놓고 의논한 데 대해 현석규가 불만을 토로하면서 문제가 되어 이들 모두 자리에서 쫓겨난다. 이후 다시 도승지가 된 임사홍은 '아첨'을 옆에 끼고 살았지만 결국 유배를 간다.

이런 일도 있었다. 1478년 흙비가 내렸다. 자연재해는 하늘의 변괴를 알리는 징조로 여겼던 터라 모두 근신하고 있었는데, 마침 임사홍의 아들 임숭재가 큰 집을 짓고 있었다. 사람들의 눈총이 따가울 수밖에 없었다.

그러자 임사홍은 흙비는 '천수(天數, 하늘이 정한 운명)'의 자연이므로 두려워할 것도 없고 반성할 필요도 없다고 성종에게 말했다. 아첨이다. 이에 대해 사관이 기록하길, "백악산이 무너지고 한강이 마른 뒤에야 재변이 이르렀다고 할 위인"이라고 평가했다.

이 일화의 당사자인 '임숭재'라는 이름에 주목해 보자. 임사홍의 넷째 아들 임숭재는 연산군의 누이인 휘숙옹주와 결혼한 사이였는

089

데, 휘숙옹주는 다른 형제자매와 달리 연산군과 매우 친하게 지내는 사이였다고 한다. 그래서인지 연산군은 휘숙옹주에게 여러 차례 땅과 노비를 하사했다는 기록이 있다.

다정한 오누이 사이에 임숭재까지 더하면서 이들의 관계는 매우 좋았을 것이다. 연산군이 틈만 나면 음주가무에 능한 임숭재의 집을 찾아 함께 밤새 술을 마실 정도였으니 말이다.

그런 임숭재가 유배를 갔다 온 아버지의 억울함을 호소한답시고 상소를 올렸다. 그동안 주변에서 오래전 일이라 임용해도 괜찮다는 평가가 있었기만, 어떤 일인지 임숭재가 상소를 올린 지 3년이 지난 1503년에 가서야 임사홍은 다시 갓끈을 매게 되었다.

그때부터 임사홍은 물을 만난 물고기였다. 지난 20여 년 동안 해오던 낭인 아닌 낭인 같은 생활을 청산하자 임사홍은 무오사화로 권력의 정점에 선 유자광과 연산군의 처남 신수근과 한통속이 된다.

# 임사홍,

---

## 폐비 사건 전말을 고하다

---

연산군에 관한 여러 글을 보면, 연산군이 갖고 있는 가장 큰 콤플렉스가 '생모'의 원통함이라는 점에는 일치하는 듯싶다. 결과론적으로 보면 아주 낯설 수 있지만, 당시 연산군의 심정은 낳아준 어머니에 대한 효심 가득한 아들이었다고 볼 수도 있다.

연산군은 어렸을 적, 생모 윤 씨의 폐위와 사사된 일을 알지 못했던 것 같다. 어머니 윤 씨에 이어 성종비가 된 정현왕후 윤 씨가 친어머니인 줄 알고 자랐다고 하니 말이다. 그래서 두 사람 사이가 원만했다는 게 대체적인 시각이다. 물론 정현왕후가 진성대군을 낳으면서 친모와 계모 프레임으로 이들 사이에 거리가 있을 수밖에 없다는 논리가 되기도 했다.

그랬던 연산군이 생모 윤 씨의 존재를 알았던 건 즉위 직후였던 것으로 보인다. 한쪽에선 어머니가 사사될 때 일곱 살이었던 점이나 세자 때 국사 논의 자리에서 간혹 어머니 얘기가 오간 적이 있었기에 어렴풋하게나마 알았을 가능성을 배제하지는 못한다. 다만 아버지 성종이 앞으로 100년 동안 이 일을 입 밖에도 내지 말라고 신신당부했던 터이기도 하거니와, 실록의 기록을 보더라도 즉위 전에 알았기보다는 몰랐을 거라는 데 무게추가 실린다.

그렇다면 연산군이 어머니 윤 씨의 존재를 알게 된 계기는 무엇일까. 우선《성종실록》부록에 실린 성종의 행장(전기) 일부를 보자.

> "처음 잠저(潛邸, 세자궁)에 계실 때에 영의정 한명회의 따님을 맞이하여 즉위하자 비로 봉하였는데, 아들 없이 훙(薨, 죽음)하였으므로 시호를 공혜라 하였고, 숙의 윤 씨를 올려 비로 삼으니, 바로 판봉상시사 윤기견(尹起畎)의 따님인데, 지금 임금을 낳으셨다."

이 기록을 본 연산군은 뭔가 아귀가 맞지 않는다는 듯 고개를 갸웃거릴 수밖에 없었다. 자신이 알고 있던 외할아버지에 대한 정보가 달랐던 것이다. 그래서 연산군은 승정원에 이렇게 전교했다.《연산군일기》1495년 연산군 1년 3월 16일 치 기록이다.

> "이른바 판봉상시사 윤기견란 이는 어떤 사람이냐? 혹시 영돈녕 윤호(尹壕)를 기견(起畎)이라 잘못 쓴 것이 아니냐?"

여기에는 해설이 필요하다. '윤기견'과 '윤호', 두 사람의 이름이 열쇳말이다. 이 전교로 보아 연산군은 '윤호'라는 이름은 알고 있는 듯하다. 윤호는 연산군이 친어머니로 알고 따른 정현왕후의 아버지다. 그런데 '윤기견'의 이름은 낯설다. 그래서 잘못 쓴 게 아니냐는 반응을 보인 것이다.

그러자 승지들은 "이는 실로 폐비 윤 씨의 아버지인데, 윤 씨가 왕비로 책봉되기 전에 죽었습니다"라고 해명했다. 실록에는 더 이상의 기록이 없어 연산군과 승지 사이에 어떤 문답이 더 오갔는지는 알 수 없다. 다만 실록이 "어머니가 죄로 폐위되어 죽은 줄을 알고, 수라(水剌, 식사)를 들지 않았다"라거나, 닷새 후인 21일 "대비의 말씀에 따라 다시 육미를 들었다"라고 적혀 있는 걸로 보아 큰 충격을 받아 식음을 전폐했음을 알 수 있다.

연산군은 생모나 계모나 모두 '윤 씨'였기에 별달리 의심하지 않았을 수도 있다. 하지만 윤기견과 윤호는 분명하게 다르다. 윤기견은 경서와 문학에 밝았다고 한다. 하지만 일찍 죽었다. 반면에 윤호는 병조 참판과 우의정까지 지냈어도 외척 티를 내지 않을 만큼 겸손했다고 한다.

이후 정신을 차린 연산군은 어머니 묘를 손질하고 비석을 세우라고 하고, 외할머니 신 씨와 외삼촌 윤구를 풀어준다. 8월 14일 어머니 기일이 되자 연산군은 '소찬'을 들이도록 전교를 내리기도 했다.

'효자(?)' 연산군의 마음 한구석에서는 어떻게 하면 구천을 떠도는 어머니 영혼을 위로할 수 있을까 고심했을 것으로 보인다. 하지만 대간들이 심하게 반대하여 쉽게 진행하지 못하다가 겨우 진행할 수 있었다.

재미있는 사실은 나중에 나오겠지만, 사약을 들고 윤 씨에게 갔던 이세좌에게 무덤 복원의 임무를 맡겼다. 아마 이때까지 연산군은 그 전말을 사세히 몰랐던 것 같다.

그러다 앞에서 얘기했던 1503년, 이세좌가 어의에 술잔을 엎질러 적시는 일과 1504년 홍귀달의 손녀 후궁 간택 거부 사건이 일어나면서 연산군의 분노지수는 최대로 오르고 있었다.

## 1504년 3월 19일 밤, 임숭재의 집.

연산군이 임숭재의 집으로 놀러 간다. 연산군은 처남 매부 사이인 임숭재와 자주 어울려 질펀하게 술을 마셨다고 한다. 이날도 따로 목적이 없는 이런 술자리였다. 그런데 술잔이 오가며 거나해진 상황에서 임숭재의 아버지 임사홍까지 합세하게 된다.

술자리에 온 임사홍이 연산군 앞에 넙죽 엎드리고는 대뜸 목 놓아 울기 시작했다. 그러고는 폐비의 일이 원통하다고 고한다. 임사홍은 윤 씨 폐위를 반대하였던 터라 연산군 편에서 이 일을 바라보고 있었을 테다.

"원자가 있으니, 하루아침에 버릴 수 없습니다. 이 같은 일은 마침내 반드시 후회가 있을 겁니다. 바라건대, 원자를 중하게 여겨서 폐하지 마소서."《성종실록》 1477년 성종 8년 3월 30일)

이랬던 임사홍의 폭로로 술자리 분위기가 어떠했는지 짐작이 갈 것이다. 거나해진 취기가 싹 가시면서 싸한 분위기가 술자리를 감싸게 마련이다. 느닷없이 터뜨린 임사홍의 폭탄에 연산군은 얼음이 되었을 것이다.

다음 이야기는 우리가 상상하는 그대로다. 일단 말문을 튼 임사홍은 그동안 있었던 폐비 윤 씨 사건에 관해 처음부터 끝까지 다 일러바쳤다. 임사홍으로부터 어머니 얘기를 다 들은 연산군은 시쳇말로 꼭지가 돌았다.

술이 아닌 감정에 북받쳐 이성을 잃은 연산군은 그길로 창경궁으로 돌아간다. 그리고 울부짖으며 어머니 모함에 앞장선 후궁들을 끌어낸다. 귀인 정 씨와 엄 씨다. 연산군은 직접 이 후궁들을 때렸다. 그래도 분이 풀리지 않자 정 귀인의 아들인 이복동생 안양군과 봉안군을 불러다 정 귀인과 엄 귀인을 때리라고 시킨다. 안양군은 밤이라 누군지 잘 보이지 않은 채 매질을 했는데, 봉안군은 눈치채고 몽둥이를 들지 못했다고 한다. 이를 본 연산군이 다른 사람에게 계속 때리게 했고, 결국 두 후궁은 죽는다.

연산군은 이 후궁들을 젓갈을 담은 후 산과 들에 뿌리게 했다고 한다. 그리고 일주일 뒤 폐서인시킨다. 그런데 누군지도 모르고 몽둥이를 들었던 안양군에겐 말을 선물했다고 전한다.

연산군은 친어머니로 믿고 따랐던 정현왕후에게도 치도곤을 하려 했다. 그러자 중전 신 씨가 말려 겨우 극단적인 일은 일어나지 않았다.

이번에는 할머니 차례였다. 당시 병중이었던 덕종비 인수대비에게 연산군은 따져 물었다.

> "할머니는 어찌하여 제 어미를 죽였습니까?"(《연산군일기》 1504년 3월 20일)

이 일로 충격을 받은 인수대비는 한 달 후에 세상을 뜬다. 그래서인지 인수대비 장례식 때 하루를 한 달로 계산하는 '이일역월제(以日易月制)'로 삼년상 대신 25일상을 치러 뒤끝을 보여주기도 했다. 이렇게 연산군의 광기는 상상을 초월했다.

물론 연산군의 가슴속에 응어리진 어머니에 대한 그리움이 얼마나 사무쳤으면 저랬을까 하는 동정심이 있을 수 있다. 하지만 어머니를 죽인 사람들에 대한 복수라지만 상식적으로 이해할 수 있는 수준을 넘어섰다.

여기서 그 유명한 야사 얘기도 하고 가자. 1930년대 소설가 박종화가 쓴 역사소설 《금삼의 피》에 나와 화제가 된 '피 묻은 적삼' 이야기다. 이 소설을 시작으로 드라마나 영화에서 이 시대를 다룰 땐 으레 '피 묻은 적삼' 이야기를 바탕으로 하였던 터여서 사람들에겐 정사처럼 인식되기도 했다.

이 민감한 소설의 소재가 마냥 허구라고만 하기엔 다소 무리가 있다. 비록 개인이 쓴 역사서이긴 하지만 나름 가치를 인정받는 이 긍익의 《연려실기술》에 버젓이 나오기 때문이다.

> "일찍이 성종 기유년에 폐비 윤 씨에게 사약을 내려 자결하게 했는데… 윤 씨가 눈물을 닦아 피 묻은 수건을 그 어머니 신 씨에게 주면서, '우리 아이가 다행히 목숨을 보전하거든 이것을 보여 나의 원통함을 말해 주고, 또 거둥하는 길옆에 장사하여 임금의 행차를 보게 해 주시오' 하므로 건원릉의 길 왼편에 장사하였다."

서울 동대문 회기동에 있던 건원릉은 사사된 폐비 윤 씨의 묘가 맞다. 폐비 윤 씨의 묘는 이후 고양시 서삼릉으로 이장하였다. 굳이 이 얘기를 하는 건 《연려실기술》이 허무맹랑한 얘기가 아님을 보여 주려는 의도에서다.

이 얘기는 일반적으로, 임사홍이 폐비 윤 씨에 관한 전모를 연산 군에게 일러바치면서 외할머니 신 씨를 만나면 이 모든 게 사실임을 알게 될 거라 했고, 연산군은 그 길로 외할머니를 찾아갔고, 외할 머니는 문제의 '피 묻은 적삼'을 내놓았다는 내용으로 전한다.

갑자사화

하지만《연려실기술》의 기록은 조금 다르다. 연산군이 광기를 부리며 따졌던 할머니 인수대비가 세상을 떠난 후, 외할머니 신 씨가 통하는 궁의 나인들에게 윤 씨가 비명으로 죽은 원통함을 가만히 호소하고 또 그 '수건'을 올렸다고 한다.

여기서 보면 '적삼'이 아니라 '수건'이란 점에 주목해 보자. 적삼은 웃옷이므로 죽으면서 토한 피가 묻은 옷이란 의미이고, 수건은 아마도 손에 들고 있던 손수건으로 사약을 마신 후 토해 나오는 피를 막았을 것이다.

그런데 여러 군데 이야기를 모은《연려실기술》의 이 기록은 소상조 등을 사사한 기묘사화를 다룬 〈기묘록〉에 나오는 얘기이고, '졸음을 깨는 글[破睡篇]'을 담은 〈파수 편〉엔 "윤 씨가 죽을 때에 약을 토하면서 목숨이 끊어졌는데, 그 약물이 흰 비단 적삼에 뿌려졌다. 윤 씨의 어미가 그 적삼을 전하여 뒤에 폐주에게 드리니 폐주는 밤낮으로 적삼을 안고 울었다"고 기록하고 있다.

여기서 그 신빙성을 다툴 필요는 없을 것이다. 다만 허무맹랑한 얘기로 치부하기보다는 이런 얘기도 있다는 걸 기억하자.

# "세좌의 죄는

## 반역보다도 심하다"

《연산군일기》를 보면, 반복해서 등장하는 이름이 있다. 이세좌. 앞에서 여러 차례 이 이름을 소환했었는데, 술잔을 엎지른 그 이세좌이다. 연산군은 술잔 엎지른 죄 치고 유독 뒤끝을 작렬시키며 이세좌에게 벌을 내린다. 심지어 본직만 빼앗은 건 대간들이 죄줄 걸 청하리라 생각하고 그랬다며 다시 유배를 보내기도 했었다.

이세좌가 유배지를 여기저기 옮겨 다니기도 하고, 그의 아들들도 파직당하는 등 수난이 이어지고 있었다. 그러다 이세좌는 4개월쯤 지나서 풀려났다가 다시 불경죄로 유배를 간다. 그런데 이번에는 그 화살이 넓어지기 시작했다. 이세좌가 잠시 풀려났을 때 축하하러 그를 찾았던 대신들까지 겨눈 것이다. 아울러 아들, 사위, 동생까지 치도곤을 당했다.

임사홍에게서 어머니에 대한 얘기를 듣고 광란을 일으키던 그날 연산군은 이세좌 가문에 대해서도 잊지 않고 철퇴를 가한다. 당시 이세좌의 여덟 살짜리 아들까지 곤장을 내렸는데, 대신들이 나서서 나이가 차지 않았으니 기다렸다가 죄 주는 게 어떠냐고 하였다. 그러자 연산군은 이렇게 전교를 내렸다.

> "세좌의 죄는 반역보다도 심하다. 도성 문밖으로 내쳤다가 나이 차기를 기다려 죄를 주도록 하라."(《연산군일기》 1504년 연산군 10년 3월 20일)

이세좌를 이토록 죄주고 풀어주고 죄주고를 반복하는 이유가 여기서 드러났다. '반역'보다 심한 죄. 이게 뭘까. 그렇다. 1482년 성종 13년 8월 16일, 좌승지 이세좌는 "'윤 씨'를 그 집에서 사사하게 하고, 우승지 성준에게 명하여 이 뜻을 삼대비전(三大妃殿)에 아뢰라"라는 명을 받고 실행에 옮긴다. 이세좌는 깨달았다. 왜 연산군이 끈질기게 자신을 괴롭히는지를.

이는 연산군이 임사홍에게서 듣기 전에 이미 어머니 윤 씨의 불행한 사건의 전말을 다 알고 있었다는 반증이다. 하지만 여전히 대신들의 입김이 센 상황이라 함부로 일을 벌이기는 부담스러워 적기를 노리고 있었을 거다. 그래서 어머니의 마지막 숨통을 끊게 하는 데 실질적인 역할을 한 '이세좌'를 계속 소환함으로써 그냥 넘어갈 수 없음을 암시했다고 볼 수 있다.

연산군은, 그런 불행한 일이 일어나도록 옆에서 신하들은 도대체 무얼 하였는지 배신감이 몰려왔다. 이미 이성을 잃은 연산군이기에 감정이 지배하는 상황에서 거리낄 게 없었다.

1504년(연산군 10년) 3월 24일 대간들은 10년이나 지난 일이라며 자세하게 알기 어렵다고 둘러댄다. 하지만 연산군은 아버지의 글을 보았기 때문에 그 일을 안다면서 "참소하는 사람을 잡아다가, 이리·범에게 던져준다"는 《시경(詩經)》의 구절을 인용하며 문제 있는 이들에게 죄 주고 싶다는 심경을 피력한다.

그리고 3월 25일 연산군은 어머니 윤 씨를 '제헌(齊獻) 왕후'로 추존하고, 묘도 높여 능으로 한다. 하지만 연산군은 어머니를 왕후로 복위하고 묘를 능으로 올려 명예를 회복시킨 것으로 성이 차질 않았다.

> "그 큰일을 얽어 만든 자가 아직도 선왕의 후궁 반열에 있으므로 곧 죄주고, 산 자나 죽은 자를 서인으로 하니, 간사함을 다스리는 법을 바로잡고 하늘에 계신 원한을 씻어 나의 애통하고 그립기 이를 데 없는 심정을 펴게 되었노라."

연산군은 임사홍에게서 어머니 윤 씨의 비극을 듣던 그날 관련 있는 왕실 사람부터 처단했다. 그다음 화살은 《연려실기술》에 기록된 대로, 연산군이 '십이간(十二奸)'이라 불렀다는 사람들이다. 일단 그 명단부터 보자. 윤필상·한치형·한명회·정창손·어세겸·심회·이파·김승경·이세좌·권주·이극균·성준.

연산군은 윤필상·이극균·이세좌·권주·성준에게는 죽임을 내리고, 그 나머지 중 이미 죽은 자는 관을 쪼개어 송장의 목을 베고 골을 부수어 바람에 날려 보내게 했다. 심하게는 시체를 강물에 던지고 그 자식들을 모두 죽이고 부인은 종으로 삼았으며, 사위는 먼 곳으로 귀양보냈다. 집을 부수어 연못으로 만들고 죄명을 새긴 비석을 세우게 했다. 흔한 말로 '멸문지화(滅門之禍)', 즉 가문이 멸하는 벌을 내린 것이다.

이를 역사는 갑자년(甲子年), 즉 1504년에 일어난 사화라 해서 '갑자사화(甲子士禍)'라 부른다.

갑자사화로 형벌을 받은 사람이 직접 관련자만 무려 230여 명에 달한다고 한다. 가족들까지 합하면 그 수는 훨씬 늘어날 것이다.

그런데 갑자사화는 희생자 대부분이 사림파였던 무오사화와 달리 훈구파든 사림파든 가리지 않고 어머니 폐위 사건에 연루된 자들은 모두 처단했다.

이쯤에서 갑자사화 때 화를 피한 운 좋은 선비 얘기를 덤으로 하자. 서울 광화문에 가면 '종교교회'를 만날 수 있는데, 이 교회의 이름 '종교' 속에 운 좋은 선비 이야기가 숨어 있다.

폐비 윤 씨에 관한 어전회의가 소집돼 대신들이 입궐하고 있었다. 성종 때 고위 대신 허종(許琮)과 허침(許琛) 형제가 회의 참석에 앞서 누나를 찾아가 회의에 가는 이유를 얘기했다. 누나는 남편과 하인이 짜고 어머니를 죽였다면, 나중에 그 아들이 가만있겠느냐고 조언했다. 두 형제는 잔머리를 굴려 경복궁으로 가는 길목에 있는 개울 다리 위에서 떨어진다. 이 형제는 부상을 핑계로 어전회의에 참석하지 않아 나중에 화를 면했다고 한다. 그런데 이 다리가 바로 '종침교(琮琛橋)' 또는 '종교(琮橋)'라 불렸다. 종교교회의 이름은 여기서 비롯된 셈이다.

더 운 좋은 선비도 있었다. 애초 윤 씨에게 사약을 들고 가기로 한 사람은 이세좌가 아니라 유순(柳洵)이었다고 한다. 이날 아침 고향 포천에서 급한 연락이 오길, 부인이 호랑이에게 물려갔다는 것이었다. 유순은 회의 참석 대신 부리나케 포천으로 달려갔는데, 다행히 부인은 호랑이에게 물려가다 나뭇가지를 잡고 살아났다. 이렇게 화를 피한 그는 나중에 영의정까지 올라간다.

# 왕을 갈아치워

## 잘못을 바로잡다

우리는, 사람이 어디까지 잔인할 수 있는지를 연산군이 피의 복수극을 펼친 갑자사화를 통해서 보았다. 이런 위인인 연산군의 그 이후 성정은 어땠을까.

비정상이었을 거라는 짐작은 누구나 할 수 있다. 그런데 얼마나 비정상이었을까.

훈구파든 사림파든 양쪽 다 철퇴를 맞았던 터라, 살아남은 대신들은 움츠러들 수밖에 없었다. 목숨을 부지해야 했기에. 광란의 복수극을 통해 그 어떤 비판도 용납할 수 없다는 독재 앞에는 곡학아세(曲學阿世)의 달인까지 나오기 마련이다. 연산군의 이런 강압 통치는 폭정이 아니라 풍속을 바로잡는 일이라나. 이렇게 신하들의 비판이 사라지면 그 절대권력은 썩게 마련이다.

연산군이 절대지존으로 군림하며 언로를 틀어쥐는데, 그 압권은 신언패(愼言牌) 착용이다. 신언패는 이름 그대로 '말을 가려서 하라'는 의미를 담고 있는데, 그 내용을 보면 이 정도일까 싶다.

> "입은 화를 부르는 문이요, 혀는 몸을 자르는 칼이니라. 입을 닫아 혀를 깊이 감추면 가는 곳마다 몸이 편안하리라."

중국 당나라 시인 풍도(馮道)의 '설시(舌詩)'를 베낀 이 글을 새긴 패를 신하들에게 주어 목에 걸고 다니게 했단다.

특히 연산군은 한글 사용을 제한하기에 이른다. 그의 패륜적 복수극을 비판하는 내용의 한글 투서가 연산군의 부인 신 씨의 동생 신수영의 집에서 발견되었기 때문이다.

> "조방·개금·덕금·고온지 등의 의녀들이 함께 모여서 술을 마시는데 개금이 말하기를, … '우리 임금은 대체 어떤 임금이기에 신하 목숨을 파리 머리 끊듯이 죽이는가. 아아! 어느 때나 이를 분별할까?' 하고, 덕금이 말하길, '그렇다면 반드시 오래가지 못 하려니와, 무슨 의심이 있으랴' 하여 말하는 것이 심하였으나 이루 다 기억할 수는 없다."(《연산군일기》 1504년 연산군 10년 7월 19일)

이미 이성을 잃은 연산군이 신수영으로부터 이 한글 투서를 받아 읽고 가만있을 임금이 아니다. 연산군은 투서를 신수영에게 전하도록 한 이규를 비롯하여 의녀들을 잡아들여 족쳤으나 모두 모르는 일이라고 했다. 거한 포상금까지 내걸었지만 범인이 잡히지 않자, 연산군은 초가삼간을 태우는 선택을 한다. 한글 쓰는 자를 처벌하고 한글로 구결을 단 책을 불사르라는 '언문 금지령'을 내린 것이다.

또 하나 눈에 띄는 조치는 경연의 금지이다. 1511년 2월 18일 《연산군일기》 기록이나.

> "경연을 여는 것은 어린 임금이 윗사람과 아랫사람의 뜻을 통하고 옛날의 치란(治亂)을 살피게 하려는 거이다 내가 경연에 나가지 않고 축하나 문안, 아침 인사와 같은 일을 받을지라도 어찌 상하의 뜻을 통하지 못하랴. 또 내가 10여 년의 경연에서 고금의 치란도 대략 알았으니 경연에 나갈 게 없다."

경연은 임금과 신하가 함께 국사를 논하는 자리이기도 하고 공부하는 기회이기도 하다. 이때 신하들은 왕의 절대권력을 견제한다. 그런데 이 경연을 폐지한다는 건 나랏일을 내 맘대로 하겠다는 선언이나 다를 바 없다.

그 후 향락, 방탕, 패륜의 도가 지나치기 시작하다 결국 제어할 수 없는 지경까지 이른다. 연산군의 향락에 대해 자세하게 언급하지는 않겠지만 우리가 지금도 사용하는, 낭비가 심한 것을 일컫는 낱말 '흥청망청'의 고사 얘기로 대신하겠다.

연산군은 고을에 가무 기생인 운평(運平)을 두어 관리했는데, 채홍사(採紅使)가 이 운평 중 미모가 뛰어난 기생 '흥청(興清)'을 뽑아 연산군에게 바쳤다고 한다. 믿거나 말거나이긴 하지만 흥청이 1천 명에 달했다는 얘기도 있다. 연산군이 흥청들과 놀아나다 망했다는 의미에서 '흥청망청(興清亡清)'이란 말이 나왔다고 한다.

이렇듯 도낏자루 썩는 줄 모르는 연산군의 방탕한 생활은 결국 나라의 기틀을 잃게 했고, 급기야 비상한 상황을 부르고 만다. 이름하여 '중종반정(中宗反正)'이다. '반정(反正)'은 잘못된 걸 바로잡는다는 뜻인데, 잘못을 저지른 연산군을 폐위하고 중종을 옹립하였기에 '중종반정'이라고 부른다.

우리 현대사에도 이와 비슷한 사례가 있다. 박정희와 전두환으로 상징되는 군사쿠데타가 그것이다. 정통성을 가진 대통령에게 잘못이 있다면 합법적인 방법을 모색하면 될 일이다. 이승만 대통령처럼 문제의 대통령이 스스로 자리에서 물러나도록 하면 된다. 그다음 절차는 헌법과 법률이 정한 바대로 선거를 통해 다음 대통령을 뽑으면 된다. 그렇게 장면 정부가 탄생하지 않았는가.

그런데 박정희 육군 소장은 애초 자신이 대통령이 되기 위해 나섰고, 전두환 대통령은 박정희 대통령의 유고로 생긴 기회를 틈타 스스로 대통령이 되었다. 그 과정에서 엄청난 숫자의 아까운 목숨이 희생돼야 했다.

박근혜 대통령의 경우는 또 어떤가. 큰 잘못이 있었음에도 자리에서 내려오지 않자, 이번엔 국민이 직접 나섰다. 밤마다 '촛불'을 든 국민이 광화문으로 모여들었고, 급기야 촛불은 '박근혜 탄핵'이라는 헌법적 방법으로 이어졌다. 그러고 헌법재판소에서 심의하여 결국 박근혜 대통령은 '파면'됐다. 촛불이 혁명을 일으킨 거다.

이렇듯 조선이든 현대이든 최고 권력자라 해서 맘대로 할 수는 없다. 법과 질서, 그리고 도덕이라는 사회적 규범을 어기면 그 자리에서 끌어내릴 수 있다는 전통은 어쩌면 조선 시대 '반정'에서 비롯된 건 아닌가 싶기도 하다.

다만 그 반대의 경우, 즉 쿠데타두 '왕자의 난'이나 '계유정난'이라는 역사적 사례가 있다는 게 씁쓸할 뿐이다.

여하튼 중종은 연산군의 이복동생으로, 연산군이 친어머니로 알고 따른 정현왕후의 친아들이다. 그런데 역사는 반복된다고 하였던가. 그 형의 그 동생이라 해야 하는가. 그도 사화를 일으킨다. 다음 장에서 알아볼 '기묘사화'가 그것이다.

# 기묘사화

03

훈구파, 허수아비 왕을 세우다

중종, 사림파 조광조를 등용하다

구언 상소가 사림파의 위상을 높이다

왕비 간택령 내리다

사림파, 개혁에 적극 나서다

가짜 공훈자 가려내 퇴출하다

'주초위왕' 새긴 나뭇잎 발견되다

중종, 밀시를 내리다

신무문의 난이 일어나다

"그렇다면 내 죽음은 틀림없소!"

개혁은 전광석화처럼 해야 성공한다

# 훈구파,

## 허수아비 왕을 세우다

무오사화와 갑자사화를 일으킨 연산군은 상상 이상의 기행과 패륜을 보여 결국 폐위된다. 여느 왕처럼 '조(祖)'나 '종(宗)'으로 불리지 못하고 '군(君)'으로라도 강등된 건 그나마 세자 시절의 호칭으로 대우했기 때문이다. '조'는 나라를 세운 임금에게, '종'은 태평성대를 누린 임금에게 각각 붙인다.

　'중종반정'을 모의하여 중종 옹립에 주도적인 역할을 한 세력은 '반정 삼대장', 즉 박원종(朴元宗)·성희안(成希顔)·유순정(柳順汀)으로 상징되는 훈구파들이다.

　중종반정은 세조의 계유정난만큼이나 유교 질서에 반하는 일임은 틀림없다. 하지만 그때에는 '반정' 자체에 대해 눈에 띄는 비판이 제기되지는 않았다. 연산군의 광기와 폭정을 중단시키기 위해서는 유교 질서를 깨는 게 더 명분이 있다는 판단 때문이었으리라.

당시 선비들이 중종반정의 불가피성을 이해하는 데에는 공자 손자뻘인 맹자의 '혁명론'도 한몫했을 것으로 보인다. 맹자는 유교 국가에서도 왕조까지 바꿀 수 있다고 주장했다. 《맹자》〈호연장(浩然章)〉 '양혜왕(梁惠王)' 편에 그 내용이 나온다.

맹자와 제선왕이 하나라 마지막 폭군 걸왕과 은나라 주왕에 관해 대화를 나누는데, 제선왕이 맹자에게 탕왕이 걸왕, 무왕이 주왕을 각각 쫓아낸 일을 두고 그렇게 할 수 있느냐고 물었다. 그러자 맹자는 이렇게 답한다.

"인(仁)을 해치는 자를 적(賊), 의(義)를 해치는 자를 잔(殘)이라 합니다. 잔적을 일컬어 한 사람의 사내라고 합니다. 한 사람의 사내인 주를 죽였다는 말은 들었어도, '왕을 시해했다'라는 말은 듣지 못했습니다."

이왕 얘기가 나온 김에 이해를 돕기 위한 설명을 덧붙여 보겠다. 일단 걸왕과 무왕 대신 연산군으로 치환해 보자. 연산군은 폭정과 광기로 이미 왕의 자격을 잃은 것이나 다름없었다. 왕의 자격이 없으면 한 사람의 사내에 불과하고, 그 사내를 갈아치운다고 해서 문제가 안 된다는 의미다. 《맹자》〈만장〉 편에도 "군주에게 큰 허물이 있으면 간언하되, 거듭 간언해도 듣지 않으면 군주의 자리를 바꿔 버린다"라고 말하고 있다.

그런데 문제는 거사가 일어난 후의 논공행상이나, 중종비인 단경왕후 폐위 등의 사건이 연이어 이어지면서 반정을 일으킨 훈구파의 애초 진정성이 의심받을 만하다는 것이었다.

나중에 자세하게 살펴보겠지만, 훈구파의 반정은 문제 있는 임금을 탄핵한다는 애초의 목적에 그치는 게 아니라 자신들의 권력을 더 키우고 사리사욕을 채우는 수단이 되었다는 점에서 그렇다.

훈구파의 이런 전횡이 가능한 건 새 임금의 취약한 정통성 때문이었다. 중종은 연산군의 이복동생이다. 그렇지만 연산군의 생모 윤씨가 폐비되면서 새로이 중전이 된 정현왕후 윤씨가 낳은 아들이므로 '대군'이 아니던가. 그래도 정통성에 문제가 있단 말인가?

조선의 왕통은 부자 승계가 원칙이다. 그런데 중종은 형제 계승이다. 연산군에게 문제가 있으면 적장자인 세자에게 승계하면 될 일 아닌가. 비록 그때 세자 나이가 여덟 살로 어리긴 하지만 대비가 수렴청정하면 될 일이니까 문제가 크지 않다.

더욱이 조선 시대에는 합법적인 방법으로 '양위(讓位)'라는 제도가 있다. 양위의 사전적 의미는 "왕위를 적통 왕자에게 물려주는 것"이다. 선왕이 왕위를 세자에게 물려주겠다고 발표하면, 신하들은 일단 "아니 되옵니다"라고 하며 말린다. 곧바로 그렇게 하라고 하면 다른 왕을 세우도록 '역모'를 부추기는 꼴이 되기 때문이다. 그래서 왕들이 왕권을 흔드는 신하를 손보려는 수단으로 '양위' 소동을 벌이기도 한다.

임금이 양위를 발표하면 신하들은 일단 형식적으로나마 '반대'하는 척하면서도 왕의 눈치를 살펴야 한다. 왕의 양위 발표가 진심이라면 사정이 달라지기 때문이다. 진심임에도 눈치 없이 계속 반대하면 그런 임금의 진정성을 의심하는 꼴이 되어서 되레 불충이 된다. 조선 시대엔 신하 노릇 하기도 쉽지 않았다.

왕의 자리를 물려받을 세자 또한 가시방석에 앉아 있음은 두말할 필요가 없다. 아버지 왕이 왕위를 준다고 덥석 받는 것은 유교의 예에 어긋난다. 세자 신분은 아들이기에 앞서 신하이기 때문이다. 신하가 왕의 자리를 덥석 받을 수 없는 게 법도다. 그래서 형식적이지만 여러 차례 사양하다가 마지못해 받는 방식을 택한다. 조선 시대에는 정종, 태종, 세종, 세조, 예종, 순종 등 여섯 왕이 양위에 의해 왕이 되었다.

문제가 있는 임금이 양위하라는 건의를 거절할 수도 있지만, 이때 정치력을 발휘해 왕을 설득하고, 그런 후 세자에게 '양위'하면 될 일이다. 그런데도 반정군은 '진성대군'을 앞세운 쿠데타를 선택했다. 그런데 정작 진성대군은 자신이 새 왕으로 추대됐는지도 몰랐다.

여기에는 반정군의 속셈이 작용했다. 왕위가 정상적인 절차에 따라 세자에게 왕위를 계승한다면 연산군과의 타협을 통해 자연스럽게 진행하면 될 일이다. 굳이 비상한 방법까지 갈 필요가 없다.

## 1506년 9월 2일, 경복궁.

거사를 일으킨 훈구파가 다음 왕의 결정권을 쥐고 있는 대비 정현왕후에게 가서 아뢴다.

> "지금 위에서 임금의 도리를 잃어 정령(政令)이 혼란하고, 민생은 도탄에서 고생하며, 종사는 위태롭기가 철류(綴旒, 면류관에 매달린 술)와 같으므로, 신 등은 자나 깨나 근심이 되어 어찌할 줄을 모르겠습니다. 진성대군은 대소 신민의 촉망을 받은 지 이미 오래이므로, 이제 추대하여 종사의 계책을 삼고자 감히 대비의 분부를 여쭙니다."

다음 왕을 정할 때는 일단 정현왕후의 의견을 듣고 그다음을 논의하는 게 순서 아닌가. 그런데도 훈구파는 정현왕후의 의사 따윈 들어볼 필요도 없다는 듯 아예 '진성대군'을 옹립하려 한다고 대놓고 말한다. 그러자 대비는 사양하면서 이런 제안을 내놓는다.

> "변변치 못한 어린 자식이 어찌 능히 중책을 감당하겠소? 세자는 나이가 장성하고 또 어지니, 대를 이을만하오."

그러자 훈구파는 단칼에 정현왕후의 제안을 물리친다.

기묘사화

"여러 신하가 계책을 협의하여 대계가 정하여졌으니, 고칠 수 없습니다."

이는 다음 왕이 이미 정해졌으니 그리 알라는 통보에 지나지 않았다. 이걸 보면 훈구파는 판을 완전히 뒤집어 권력을 자신들의 수중에 넣고 싶었던 것이다. 그렇다면 새 왕은 자신들이 맘대로 쥐락펴락할 수 있어야 했다. 그래서 왕위와 거리가 있는 진성대군을 선택해 꼭두각시로 삼을 심산이었던 것이다.

이런 배경을 안고 즉위한 중종은 아무런 실권이 없었다. 단적인 예로 경연이 끝나 대신들이 나갈 때 풍경을 보면 임금의 권위가 어떠한지 알 수 있다. 경연이 끝나면 으레 대신들이 임금에게 인사하고 나가는 게 일반적인 상식인데, 중종은 달랐다. 되레 중종이 일어서서 대신들에게 예의를 다하며 배웅했다고 한다.

중종은 즉위 초기 이렇게 훈구파에 이끌리어 기 한 번 제대로 펴보지 못하는 무능력한 상황에서 그냥 임금 자리에 앉아만 있을 뿐이었다.

# 중종,

## 사림파 조광조를 등용하다

중종이 즉위할 때 나이인 열아홉 살이면 사실 어린아이가 아니다. 특히 조선 시대에는 한 사람으로서의 몫을 할 나이여서 자기 주도적인 삶을 영위할 수 있다.

그런데도 훈구파는 중종을 어린아이 취급하면서 모든 국정을 자기들과 상의해서 처리하도록 했다. 그 상의라 하는 것도 일방적인 통보일 뿐, 왕의 위신을 생각하여 정상적인 절차를 밟는 형식에 불과했다.

하지만 반정을 주도한 훈구파들이라고 해서 천 년 만 년 사는 것도 아니어서, 하나둘 세상을 뜨기 시작했다. 박원종이 가장 먼저 죽었다. 1510년 마흔세 살의 젊은 나이로 요절한 셈이다. 이어 유순정과 성희안이 같은 해인 1512년 각각 쉰셋과 쉰둘의 나이로 죽는다. 그해 풍운아 유자광도 저세상으로 갔다.

119

기묘사화

중종으로서는 늘 눈치를 살피던 실질적 상전들이 사라지자 조금씩 자기주장을 내세우고 관철할 수 있게 되었다. 아울러 나이도 이십 대 중반이 되면서 사리 판단력은 물론이거니와, 자기 주도적인 결정권을 가질 수 있게 되었다.

이제 중종은 생각했다. 계속 훈구파에게 끌려다니는 왕으로 남을 것인가, 아니면 왕으로서의 권위를 찾을 것인가. 이건 고민할 주제가 아니다. 시쳇말로 머리가 커지면 주관적인 입장이 뚜렷해지는 건 인지상정이다. 어른들이 말 안 듣는 자식에게 흔히 이런 탄식을 내뱉지 않는가 "저 녀석이 이젠 머리가 컸다고 제멋대로 하네!" 고분고분 말을 잘 들었는데, 이젠 자기 고집을 피운다는 의미다.

이 말을 너무 액면대로 해석하지 말길 바란다. 나이가 들면 주체적 삶을 영위하는 건 당연하다는 정도로 보면 된다. 이 점을 생각하고 중종을 바라보자.

중종이 왕이 되고 나서 아마 8년쯤 지나면서부터 자기 정치를 펼칠 수 있는 환경이 형성되고 있었다. 물론 막강한 권력을 갖고 세력은 여전히 훈구파였다.

그렇다면 중종은 훈구파를 견제하는 세력부터 만들어야 한다. 이때 중종의 가장 큰 핸디캡이 뭘까. 중종 주변에 같은 편이랄 수 있는 측근이 거의 없다는 점이었다. 훈구파가 쳐놓은 인의 장막에 가려 외눈박이 삶을 살았을 뿐이었다.

이런 상황이라면 중종이 자기 정치를 하기 위해 가장 먼저 해야 할 일이 뭔지 분명해진다. 자기 사람을 만들어야 한다.

특정 세력을 견제하기 위한 적당한 전략은 그들과 반대편에 서 있는 세력을 등용하여 견제하게 하고, 그 견제를 통해 균형을 찾으면 된다. 그래서 중종이 주목한 세력이 바로 사림파다.

사림파는 현실 정치와 거리를 두고 재야에서 학문에 정진하는 선비들이다. 권력에 굴하지 않고 구부러진 걸 보면 펴려 하며, 바른말을 서슴지 않고 올곧은 삶을 사는 재야인사라 할 수 있다.

우리는 이미 사림파의 존재에 대해서 알고 있다. 앞선 두 사화에서 가장 많이 피해받은 세력이기도 하다. 고려 말 정몽주와 길재의 학문이 김숙자-김종직-김굉필로 이어지고 있는 도학 정치 계보를 말한다. 이들이 주장하는 '도학 정치'는 하늘의 도(道), 즉 순리에 따르는 정치를 지향한다. '순리'라 함은 물이 위에서 아래로 흐른 것과 같은 이치다. 그래서 순리에 어긋나는 걸 보면 참지 못하고 직언도 서슴지 않는다.

이럴 즈음 성균관에서 관료를 추천한다. 1511년 4월 1일, 성균관은 김석홍(金錫弘)과 황택(黃澤), 그리고 조광조(趙光祖)를 추천한다. 여기서 주목할 인물은 조광조다. 조광조는 앞서 말한 도학 정치 계보의 맨 마지막에 자리한 김굉필의 다음을 잇는 제자로 학문이 깊어 '사림의 영수'로 일컬었다.

조광조는 벼슬에 관심이 없었다. 오로지 학문에 정진하는 선비였다. 그러다 학문을 더 깊이 공부하기 위해 생원시를 보고 성균관에 들어갔던 터였다. 성균관에서 그가 보인 실력이나 명망은 단연 군계일학(群鷄一鶴)이라 추천은 떼어 놓은 당상이었다.

하지만 조광조는 어머니 삼년상을 이유로 벼슬길을 고사한다. 조광조가 다시 성균관의 추천을 받은 건 1515년 6월이다. 이번엔 김식(金湜)과 박훈(朴薰)과 더불어서였다. 그러자 조광조는 깊은 고민 끝에 이왕 벼슬을 할 바엔 정정당당하게 과거 시험을 보고 하겠다고 맘먹는다. 그래서 조광조는 그해 치러진 알성시(임금이 성균관 문묘 참배 후 치르는 임시 과거)를 보고 을과 장원으로 급제하여 벼슬길에 나선다.

김식과 박훈은 천거로 벼슬을 시작하였다가 나중에 실시한 현량과에 뽑혀 조광조와 함께 사림파의 개혁 세력을 형성하는 데 큰 역할을 한다.

특히 이조판서 안당(安塘)은 훈구대신들의 반발에도 불구하고 사림의 능력을 알아차리고 이들 외에도 김안국(金安國), 김정(金淨), 송흠(宋欽), 반석평(潘碩枰) 같은 이들을 뽑아 널리 등용하였다.

# 구언 상소가 사림파의

## 위상을 높이다

조광조를 비롯한 김식이나 박훈과 같은 사림파들이 등용되면서 조정에는 팽팽한 긴장감이 돌기 시작했다. 왕을 제쳐두고 하고 싶은 대로 하던 훈구파들로서는 위기라면 위기의 시작이었다.

물론 훈구파는 나이와 경험이 많다는 걸 내세우는 꼰대 짓으로 사림파들을 제압할 수 있었다. 사림파가 아직 대세도 아니었다. 그런데 사림파가 내세우는 개혁 정책들을 꼼꼼하게 뜯어보면 결국 훈구파를 겨냥하는 것처럼 보였다. 훈구파로서는 곳곳에 포진하는 이들의 존재가 신경 쓰일 수밖에 없었다.

그 무렵인 1515년 한 장의 상소가 날아든다. 담양부사 박상(朴祥)과 순창군수 김정(金淨)이 함께 올린 것이었다. 보통 상소는 승정원에서 미리 뜯어보고 올리는 게 관례인데, 이 상소는 겉봉에 뜯어보지 말라고 쓰여 있을 뿐만 아니라 풀칠도 꼼꼼히 했던 터여서 그대로 중종에게 올렸다.

그때 천둥 번개 같은 자연재해가 심했다. 조선 시대엔 이런 재변을 하늘의 경고로 받아들여 임금이 신하들에게 의견을 구하곤 했는데, 이를 '구언(求言)'이라고 부른다. 중종 역시 구언을 명령했고, 이 상소는 구언에 응하는 것이었다.

이 상소를 살펴본 중종은 당황한 기색이 역력했다. 중종은 승정원에 명령하길, 이 상소에 대해서는 일절 말하지 말고 그냥 보관하라고만 한다. 하지만 세상에 비밀이란 없다. 상소의 존재가 알음알음 퍼져 나갔다.

그러자 여기저기서 상소를 올린 자들을 처벌해야 한다는 요구가 빗발쳤다. 중종도 덩달아 이들의 요구에 응하였다.

도대체 어떤 내용의 상소이길래 이런 소동이 벌어졌을까.

> "옛 왕비 신씨(愼氏)가 물리침을 입어 밖에 있은 지 이제 거의 10년이
> 됩니다. 신은 그때의 이유를 자세히 모르겠으나, 무슨 큰 까닭과 무슨
> 큰 명분으로 이런 비상하고 놀랄 만한 일을 했는지 모르겠습니다."
> 《중종실록》 1515년 중종 10년 8월 8일)

이 상소의 열쇳말은 '왕비 신 씨'다. 신 씨는, 알다시피, 중종이 대군이었을 때 혼인한 조강지처였다. 따라서 진성대군이 왕이 되면서 당연히 왕비가 되었다. 그런 신 씨가 '밖'에 있은 지 10년이 되었다?

왕비가 궁이 아닌 궁 밖에 있었다는 건 요즘 말로 이혼했거나 특별한 이유로 왕과 별거한다는 얘기 아닌가. 그 사정을 살펴보자.

신 씨는 중종반정(1506년 9월 2일)이 일어난 지 일주일 만에 강제 폐위된다. 왜? 신 씨의 친정아버지 신수근(愼守勤) 때문이었다. 신수근은 연산군 비인 거창군부인 신 씨의 친오빠이기도 하다. 왕실 외척이었던 신수근은 그 무렵 우의정이었다. 연산군의 핵심 측근이랄 수 있는 위치였다.

그래서 반정군은 거사의 성공 여부를 결정지을 가장 중요한 인물로 신수근을 꼽고, 그에게 참여를 권유했다. 신수근은 두 임금을 섬길 수 없다는 유교 논리를 들어 거절했다. 거칠게 설명하면, '사위'를 위해 '매제'를 배신할 수 없다는 게 이유였다. 그러자 반정군은 거사의 가장 큰 걸림돌인 신수근을 제거한다. 아울러 그의 동생인 형조판서 신수영(愼守英)과 공조참판 신수겸(愼守謙)도 죽인다.

그런데 문제는 그 딸이 시퍼렇게 살아서 지금 중전이 되었다. 훈구파에게 이건 꿈에서조차 생각하기 싫은 상황이었다. 반정 세력이 이 문제를 얼마나 예민하게 생각했는지 다음 말을 보면 알 수 있으리라.

> "왕비가 곧 그 소출이므로 그 아비를 죽이고 그 조정에 서면 뒷날 후환이 있을까 염려하여, 바르지 못하게 자신을 보전하려는 사사로움을 위하여 폐위하여서 내보내자."《중종실록》1515년 중종 10년 8월 8일)

이렇게 신 씨는 강제로 폐위되어 2017년 KBS에서 방영한 드라마 《7일간의 왕비》의 주인공이 되었다. 그런데 10년이 지나 구언 상소에서 다시 신 씨의 이름이 소환됐다. 이번엔 폐위된 신 씨를 복위하라는 것 아닌가.

중종은 신 씨를 폐위한 후 이듬해인 1507년 2월, 후궁이었던 윤여필(尹汝弼) 딸과 가례를 올려 새 중전을 맞이했다. 그런데 이 장경왕후 윤 씨가 훗날 인종이 되는 원자를 낳고 산후병으로 세상을 떴다. 중전 자리가 빈 것이다. 왕실은 당연히 후임 중전을 맞이할 간택에 들어갔다.

그러자 김정과 박상은 구언 상소를 빌어 번거롭게 간택령을 내려 새 중전을 맞이하기보다 이유 없이 폐위된 신 씨를 복위하면 쉽고 빠르지 않겠느냐고 한 것이다. '신 씨' 문제는 반정을 주도한 훈구파에게는 무척 예민한 문제라 '뜨거운 감자'나 다름없었다. 김정과 박상도 이와 같은 걸 잘 알고 있었던 터라 뜯어보지 말라며 겉봉을 꼼꼼하게 풀칠하지 않았던가.

사실 중종과 신 씨는 두 사람의 뜻과 무관하게 강제로 헤어졌다. 두 사람 사이의 금실은 매우 좋았다고 한다. 야사에 따르면, 중종은 밤 시찰을 핑계로 신 씨가 살던 인왕산 아래 사직골로 자주 나갔다고도 한다. 또 중종은 경회루에 올라 인왕산 기슭을 바라보며 애틋한 마음을 달래곤 했는데, 이걸 안 신 씨도 경회루가 보이는 바위에 붉은 치마를 걸쳐놓아 화답했다는, 이른바 '치마바위 전설'을 만들어 내기도 했다.

그런데 문제가 엉뚱한 데로 향했다. 묻어두기로 한 중종의 뜻과 무관하게 이 문제가 수면 위로 떠오르면서 상소를 올린 김정과 박상을 처벌하라는 요구가 빗발친 것이다. 요즘 우리 사회에 심심찮게 화제가 되곤 하는, 메시지로 안 되니 메신저를 공격하는 꼴이었다. 이건 불리한 자가 프레임을 전환할 때 쓰는 전형적인 '인신공격의 오류'이다.

박상과 김정의 처벌을 요구하는 훈구파에게는, 만약 신 씨가 다시 왕비가 된다면 그다음 예상되는 결과를 상상도 하기 싫은 상황이었다. 명색이 중전인데 아버지를 죽인 원수들을 가만두겠는가. 훈구파는 김정과 박상의 상소가 요구하는 신 씨 복위 문제를 덮기 위해서라도 이런 불온한 생각을 한 김정과 박상을 처벌해야 한다는 주장을 더 세게 하고 나온 것이다.

이때 알성시에 급제하고 이제 갓 사간원 정언직에 제수된 조광조가 나섰다. 폐비 신 씨의 복위에는 반대하면서도 조광조가 나선 건, 신 씨 복위 주장이 아니라 메신저를 공격하는 삼사의 대간들을 향한 것이었다.

대간의 본분이 무엇인가. '언로'를 여는 것 아닌가. 그런데 이번 일에서 대간들이 오히려 김정과 박상을 처벌하라고 앞장서고 있었다. 바로 여기에 조광조의 문제의식이 있었다.

조광조는 상소를 올려 이 대간들을 갈아치우지 않으면 자신이 그만두겠다고 배수진을 쳤다. 사간원의 최하위직인 햇병아리 정언의 배수진에, 산전수전 다 겪은 노회한 대신들이 눈이나 껌뻑하겠는가. 그러는 사이 김정과 박상은 유배를 갔다.

그런데 반전이 일어난다. 끝 모를 공방전이 지루하게 오가다가 결국 중종의 선택은 예상을 빗나가게 했다. 조광조를 중심으로 한 사림파의 손을 늘어순 것이다. 대간들을 갈아치우는가 하면 김정과 박상을 유배에서 풀어주었다.

이 구언 상소의 결말은 중종 대의 정치에서 매우 중요한 변곡점을 만든다. 그동안 훈구파가 쥐락펴락하던 권력의 지형에 균열을 내는 걸 뛰어넘어, 중종의 자기 주도적 정치가 본격적으로 시작하고 있음을 보여주는 상징적인 사건이었다. 아울러 훈구파가 물러가면서 생긴 그 빈자리를 사림파가 메우면서 '개혁'의 신호탄을 본격적으로 쏘아 올렸다. 권력은 제로섬 게임과 같아서 한쪽 세력이 힘이 작아지면 상대편 세력의 힘이 그만큼 커지게 된다. 훈구파와 사림파 사이의 권력 구도 또한 이렇게 역전되기 시작했다.

이제 중종과 사림파는 한배를 타고서 그동안 훈구파의 전횡으로 빚어졌던 갖가지 적폐들을 개혁하는 데에 힘을 모으게 됐다.

# 왕비 간택령

## 내리다

장경왕후의 죽음에서 비롯돼 조정을 발칵 뒤집어 놓은 중전 간택 문제는 어떻게 되었을까?

중종에게는 장경왕후 말고도 후궁이 여럿 있었다. 왕비가 세 명이었고, 후궁이 일곱 명이었다. 특히 역사에서 주목하는 인물은 경빈 박 씨와 희빈 홍 씨이다.

우선 경빈 박 씨부터 보자. 경빈 박 씨는 가난한 선비 집안의 딸이었는데, 연산군 때인 1505년 얼굴이 예뻐 채홍사에게 흥청으로 뽑혀 입궁한다.

궁에 들어온 박 씨는 빼어난 미모로 주목받았을 테고, 급기야 중종의 눈에 띄어 승은을 입은 것으로 보인다. 야사에는 원자를 낳고 죽은 장경왕후의 외삼촌이자, 당시 나는 새도 떨어뜨린다는 권세가이자 '반정 삼대장' 중 한 명인 박원종의 양딸이라고 전하기도 한다.

박원종이 장경왕후를 등에 업고 권력을 키우려다 장경왕후가 죽자 양딸인 박 씨를 활용하려 했다는 게 야사의 골자다.

이 야사엔 다소 무리가 있어 보인다. 이는 박원종이 장경왕후의 요절을 미리 예견하여 박 씨를 마음속에 두고 중종의 후궁으로 만들었다는 얘기가 되는데, 이는 개연성이 전혀 없다. 야사는 그저 야사일 뿐이다.

아무튼, 미모 덕에 승은을 입고 중종의 총애를 한 몸에 받은 박씨는 1507년 숙의에 봉작된다. 그런 후 1509년에 중종의 맏아들 복성군(福城君)을 생산한다. 왕비(장경왕후)에게서 회임 소식이 없는 상황에서 숙의 박 씨의 출산은 당시의 권력 구도에 잔잔한 파문을 일으켰다. 만약 장경왕후에게서 왕자가 생산되지 못한다면, 중종을 이을 왕자는 복성군이 영순위가 되기 때문이다. 물론 후에 장경왕후가 원자를 생산했지만.

당시 숙의 박 씨의 위세는 대단했다. 《중종실록》1514년 중종 9년 10월 5일 치 기록에 이를 알 수 있는 일화가 있다. 박 씨와 또 다른 후궁인 숙의 나 씨가 임신하였는데, 박 씨 출산에 대비하느라 위급한 해산에 대처하지 못해 나 씨가 사망할 정도였다고 한다. 2002년에 방영돼 인기 끌었던 SBS 드라마 〈여인천하〉에서 배우 도지원이 박 씨 역을 맡아 연기하며 했던 "뭐야?"라는 유행어가 그 위세를 상징하고도 남는다.

그렇다면 희빈 홍 씨는 누구인가. 홍 씨는 이조판서를 지낸 홍경주(洪景舟)의 딸이다. 홍 씨는 장경왕후와 경빈 박 씨와 함께 중종반정 직후 입궁한 것으로 알려져 있다. 홍경주는 중종반정 때 군사 동원 책임을 맡았던 인물로, 훈구파의 핵심이다. 홍 씨 역시 슬하에 두 아들을 둔다. 이런 배경으로 홍 씨는 나중에 살펴볼 '주초위왕(走肖爲王)' 사건을 꾸미는 일에 연루된다.

이런 상황을 배경지식으로 삼고 다시 중전 간택 문제로 돌아가보자. 이때 숙의 박 씨는 중전이 되기 위해 백방으로 노력했다. 중종 역시 박 씨를 새 왕비로 삼고자 했다.

하지만 세상을 떠난 장경왕후가 낳은 원자 '호(峼)'가 있지 않은가. 비록 어머니는 없지만 엄연한 원자이자 적장자였다. 그런데 만약 박 씨가 중전이 된다면 복성군의 지위는 '군'에서 '대군'으로 격상될 뿐만 아니라 '세자'가 될 수도 있다.

그러자 조정 대신들은 원자와 관계 설정에 문제 있음을 들어 박 씨의 중전 간택에 부정적이었다. 특히 대사헌 정광필은 박 씨가 "미천한 출신"(《중종실록》 1517년 중종 12년 7월 22일)임을 들어 중전이 되기에 부적합하다며 명문가에서 다시 구해야 한다고 강력하게 주장한다.

결국 이 일은 후궁에서 왕비가 된 장경왕후의 예를 따르려던 계획을 바꿔 새로 간택령을 내려 뽑기로 했다. 이렇게 하여 간택된 왕비가 문정왕후다. 문정왕후는 윤지임(尹之任)의 딸로, 그녀의 오빠들이 명종 때 일어나는 을사사화의 핵심 역할을 하게 된다.

전임 장경왕후와 문정왕후는 9촌 간으로 알려져 있다. 그때까지만 해도 파평 윤 씨 집안은 정승 판서를 지내던 선대와 달리 벼슬길이 끊겨 몰락한 양반가에 불과했다고 한다.

중전 자리에 가까이 갔다가 쓴잔을 마신 박 씨는 대신 정1품 빈(嬪)으로 승격시켜 경빈(敬嬪)에 봉했다. 새 중전 문정왕후는 당시 나이가 겨우 열일곱 살이었는데, 중종의 맏아들 복성군과 여덟 살밖에 차이가 나지 않았다.

새 중전 문정왕후는 경빈 박 씨나 희빈 홍 씨 같은 후궁들의 미모에 밀려 중종의 사랑을 높이 받지 못한 것으로 알려져 있다. 대신 엄마가 없는 원자를 키우는 데 지극정성을 다했다. 더욱이 장경왕후와 문정왕후가 같은 파평 윤씨 9촌 사이라는 점까지 작용하면서 문정왕후에게도 힘이 실린다.

원자는 1520년에 여섯 살의 나이로 세자에 책봉된다. 세자의 아명이 '억명(億命)'인데, 장경왕후가 임신했을 때 어떤 사람이 꿈에 나타나 이렇게 지으라고 했다는 말이 전한다. 세자가 되면서 이름을 '호(岵)'로 바꾸었다.

이런 상황에서 문정왕후는 아들을 낳은 드센 후궁들과 보이지 않는 암투를 벌여야만 했다. 문정왕후에겐 자기가 낳은 아들이 아니라도 보호해야 하는 세자가 엄연히 있다. 하지만 이 후궁들은 무슨 수를 써서라도 자기 아들을 왕위에 오르게 하고 싶었기 때문이리라.

# 사림파,

## 개혁에 적극 나서다

이런 정치적 상황에서 중용된 사림파는 그동안 쌓인 적폐를 고쳐 백성의 삶에 기여하는 정치를 지향하고자 했다. 이들은 '개혁'을 정치적 화두로 삼았다.

사림파가 지향하는 정치는 '지치주의(至治主義)'에 입각한 '도학정치(道學政治)'이다. 이건 매우 어려운 개념인데, 이해하기 쉽게 설명해 보자.

지치주의는 인간 세상을 하늘의 뜻이 펼쳐진 이상 세계로 만드는 걸 말한다. 하늘의 뜻을 '순리'라는 말로 설명할 수 있는데, 순리는 '사물의 이치'를 말한다. 물이 위에서 아래로 흐르는 것과 같은 논리다. 요즘은 물리력으로 물을 아래에서 위로 흐르게 할 수 있지만, 자연 상태에서 이런 일이 일어난다면 그건 정상이 아니다. 이런 지치주의에 이르기 위해서는 하늘의 뜻을 따라야 한다. 이렇게 하

133

늘의 뜻을 따르는 걸 '도(道)'라고 부르는데, 이걸 실천하는 게 도학정치이다.

사림파는 이런 도학정치를 실행하면 이상사회에 도달할 수 있다고 믿었다. 이상 세계는 백성들이 아무 걱정 없이 사는 사회를 말한다. 이 이상 세계는 특히 임금과 신하의 노력이 무엇보다 중요하다는 게 사림파의 생각이었다.

그래서 조광조를 비롯한 사림파는 임금의 경연을 주관하는 경연관이 되었을 때 무척 큰 기대를 걸었다. 경연은 임금이 신하와 함께 정책도 논의하고 공부도 하는 자리를 말한다. 조광조 등이 이 경연에 기대를 건 것은, 중종이 세자 시절을 겪지 않아 서연(세자의 공부)을 받지 않은 백지상태였기 때문이었다. 서연을 할 때 당대의 석학들이 교육을 맡는데, 대부분 훈구파일 가능성이 높았다. 자칫 훈구파의 논리가 깊게 뿌리 박혀 있다면 도학정치를 실천하는 데 한계가 있다는 게 사림파의 문제의식이었다.

조광조는 경연관이 되자 공부하는 책부터 바꿨다. 애초 중종은 역사서를 즐겨 읽었다. 특히 《고려사절요》를 즐겨 읽었다고 한다. 그러나 이후에는 《중용》《대학》《성리대전》《근사록》과 같은 책이 독서목록 앞자리를 차지했다. 이 독서목록을 보면 경연에서의 공부 목표가 어디에 있는지 분명하다. 성리학을 기반으로 하는 도학정치를 펴야 한다는 메시지였다.

그러면서 조광조는 유명한 '군자와 소인' 논쟁을 통해, 중종에게 소인을 멀리하라고 주문한다. 들으면 기분 좋은 말을 하는 사람이 소인이고, 아픈 말을 하는 사람이 군자라고 했다. 임금의 눈과 귀를 막는 '소인' 대신 임금과 백성을 먼저 생각하는 '군자'를 곁에 두어야 한다고 했다.

그런데 문제는 이 소인과 군자를 어떻게 가려낼 것인가 하는 것이었다. 조광조는 "학술이 밝아 마음이 빈 거울처럼 맑으면" 알 수 있다고 했다. 임금의 학문이 깊고 인격이 높아지면 그 구분이 가능하다는 것이다.

그렇다면 중종이 공부를 열심히 해야 한다는 당위가 생긴다. 사림파는 중종과 경연을 진짜 열심히 했다. 중종을 성군으로 만들고 싶었기 때문이다.

사림파는 첫 개혁으로 '소격서' 철폐를 들고나왔다.

## 1518년 4월 4일 종묘.

4월 5일 종묘제례가 예정돼 있었다. 임금을 비롯한 대소 신료, 종친들이 분주하게 제례 준비에 바빴다. 그런데 이때 일어나지 말아야 할 일이 일어났다. 이 날짜《중종실록》기록이다.

> "임금이 내일 종묘에 친히 제를 올리려 하는데, 희우(犧牛)가 종묘의 문으로 들어오다가 죽으므로 아헌관(亞獻官) 정광필 등이 다른 희우

와 바꾸자고 청하였다."

희우는 제사상에 올리는 제물을 말한다. 이 희생 제물인 소가 종묘의 문턱을 넘다 죽었다는 것이다. 평민의 집에서도 멀쩡하던 소가 죽으면 께름칙할 거 아닌가. 하물며 나라의 최고 제사인 종묘제례에 세물로 올릴 희우가 죽었다면 이는 예삿일이 아니다.

그 결과, 종묘제례를 연기하자, 그대로 진행하자 등 갑론을박이 심하게 일어나면서 한바탕 소동이 벌어졌다.

그런데 이 갑론을박에 사림파가 참여하면서 새로운 국면을 맞게 된다. 이번 일은 '성리학적 규범'에 맞지 않아 일어났다는 것이다. 그래서 잘못된 제사 의식을 고쳐야 한다는 결론으로 이어졌다.

그 결과 사건의 유탄은 소격서에 떨어졌다. 소격서는 '미신'이란 말로 상징되는 기우제 같은 도교식 제사를 올리는 관청이다. 그런데 조선의 이념이 무엇인가. 유교 아닌가. 유교 국가에서 도교식 제사는 안 된다는 게 사림파의 문제의식이었다.

그래서 사림파는 중종에게 소격서를 폐지하라고 공식적으로 건의하기에 이르렀다. 중종은 앞선 왕들이 설치하였을 뿐 아니라, 지금은 유명무실한 존재이므로 그냥 두자고 고집을 부린다. 하지만 사림파는 이번 기회에 이 문제를 완전히 해결하고 가겠다는 의지를 보이며 중종과 밤샘 끝장토론까지 불사한다. 결국 중종은 사림파의 끈질긴 주장에 쇠심줄 같던 고집을 꺾는다. 이렇게 해서 소격서는 사라졌다.

사림파의 두 번째 개혁 카드는 현량과(賢良科) 실시였다. 조선의 관리 선발 제도인 과거제에 대한 한계를 보완하고, 나아가 개혁을 함께 해나갈 인재를 수급받기 위해서였다.

과거제는 시험 과목이 정해져 있었다. 따라서 열심히 외우기만 하면 급제할 수 있어서 꼭 필요한 인재를 선발하는 데는 부족함이 있었다. 그래서 중종은 여러 차례 추천을 요청하기는 했지만, 실효를 거두지 못했다. 설혹 추천된 경우라도 기득권자들의 견제로 한직에 임용되는 게 현실이었다.

사림파는 상호보완의 수단으로 현량과를 제대로 활용하여 인사를 혁신해야 한다는 차원에서 접근하였다. 현량과는 재야에 묻혀 사는 학식이 있고 덕망이 있는 자를 추천받아 간단한 시험을 보아 채용하는 방식이다.

사림파의 현량과 실시가 훈구 세력의 강한 반대에 부딪혔음은 명약관화했다. 훈구 세력은 갖은 이유를 대며 현량과에 반대하고 나섰다. 겉으로는 전해오는 전통이므로 이를 급격히 바꿀 수 없다는 게 핵심 주장이었다. 물론 사림파는 과거제를 아예 폐지하자는 것이 아니라 두 제도를 함께 시행해 상호 보완하자는 것이었다. 그러나 훈구파는, 사림파가 자신들 세력을 키우기 위한 수단으로 현량과를 들고나왔다는 의구심을 강하게 품었다. 이 문제 역시 중종은 사림파의 손을 들어준다.

그리하여 사림파는 현량과를 실시하여 김정, 박상, 김구, 기준, 정산, 송효직 등 개혁 성향의 신진인사 28명을 뽑았다. 이 중 12명이 이미 관직에 진출한 사람들인데, 능력은 있으나 미관말직에 머무르고 있어서 중요하고 높은 직급에 발탁하기 위해서였다.

사림파는 또 향약 보급에도 적극적으로 나섰다. 임금과 신하만 변해서는 목표하던 이상사회를 만들 수 없기에, 백성의 의식과 행동 면에서도 개혁을 추진하고자 한 것이다. 향약의 4대 강령은 △덕업상권(德業商權: 좋은 일은 서로 권한다), △과실상규(過失相規: 잘못은 서로 규제한다), △예속싱교(禮俗相交: 예의로 서로 사귄나), △환난싱휼(患難相恤: 어려운 일은 서로 돕는다)이다. 이 밖에도 사림파는 여러 개혁적인 정책을 펼쳐 나라와 백성이 함께 잘사는 사회를 만들기 위해 노력했다.

# 가짜 공훈자

## 가려내 퇴출하다

개혁에 날개를 단 사림파는 이제 고양이 목에 방울 달기에 나선다. 이름하여 '정국공신 문제'였다.

정국공신은 1506년 연산군을 몰아내고 중종을 옹립한 '중종반정'에서 공을 세운 사람들에게 내린 훈장과 같은 대우였다.

조선 시대에는 특별한 일에 공을 세우면 공신으로 책봉하곤 하였는데, 그때까지 모두 일곱 번 있었다. 1392년 조선 건국에 공을 세운 개국공신(開國功臣) 52명, 1398년 제1차 왕자의 난을 평정하는 데 공을 세운 정사공신(定社功臣) 29명, 1400년 제2차 왕자의 난을 평정하는 데 공을 세운 좌명공신(佐命功臣) 47명, 1453년 계유정난에 공을 세운 정난공신(靖難功臣) 43명, 1455년 금성대군과 혜빈 양씨 숙청에 공을 세운 좌익공신(佐翼功臣) 44명, 1467년 이시애의 난 진압에 공을 세운 적개공신(敵愾功臣) 45명, 1468년 남이의 역모 진압에 공을 세운 익대공신(翊戴功臣) 40명 등이다.

수여 받은 공훈자의 숫자까지 자세하게 밝힌 건, 뒤에 나올 정국공신의 숫자와 비교하기 위해서다. 어쨌든 7번의 공신 책봉에서, 50명을 갓 넘긴 개국공신을 빼면 모두 50명 이하다. 그런데 정국공신은 무려 117명이다. 중종반정이 조선의 개국보다 더 크고 중요한 일이었을까. 그렇다면 공신의 숫자가 100명을 넘는다고 해서 문제가 되지 않는다. 그런데 왜 정국공신은 이렇게 많았을까.

여기에는 숱한 우여곡절이 담겨 있다. 중종반정이 끝나고 반정 삼대장이 중심이 되어 정국공신 선정 작업에 들어갔다. 그들이 애초 선정한 정국공신은 101명이었다. 그런데 이 명단에 반정 삼대장이 빠져 있었다. 왜? 스스로 공을 논할 수 없다는 게 이유였다.

얼핏 보아 이들 반정 삼대장을 참으로 겸손한 사람이라고 평가할 수도 있다. 요즘 말로 '이해충돌'이라서 자기 논공을 자기 스스로 평가할 수 없다는데, 이보다 더 겸손한 마음이 있을까 싶다.

하지만 이들의 '겸양지덕'을 액면 그대로 믿어서는 안 된다. 이들이 누군가. 연산군 밑에서 온갖 단맛을 본 노회한 훈구파가 아닌가. 그러다 어쩌면 공범자일 수 있는 이들이 보기에도 연산군이 지나치다고 여겨 하루아침에 돌변해 끌어내린 셈이다. 이런 인사들이 겸양지덕을 발휘할 리는 없었다. 여기엔 나름대로 자신들의 술수가 숨어 있었다고 보아야 한다.

중종은 정국공신 책봉에 대한 보고를 받자 역시 반정 삼대장들이 의도한 대로 결정한다. 반정 삼대장이 빠진 게 이상하니 당연히 이들을 추가하라고 지시한 것이다.

공신 명단은 이렇게 추가되기 시작했다. 심지어 연산군과 사돈지간이고 채홍사였던 구수영이 마지막 순간에 숟가락을 슬쩍 올려 책봉된다. 그뿐이 아니다. 나중에 영의정이 된 유순도 참여 제의를 받고 뭉그적거리다 연산군에게 불리함을 보고 재빨리 합류한 인물이기도 하다.

'노와공신(怒臥功臣)'도 있었다. 반정 삼대장 성희안의 매제인 신수린은 반정엔 얼씬도 하지 않았다. 그런데 그의 어머니이자 성희안의 장모가, 신수린이 공신에 포함되지 않은 사실을 알고 노발대발했다. 그러자 성희안은 장모에게, 반정 삼대장인 박원종이나 유순정보다 자기 가문이 가장 많이 포함되었다며, 처남 신수린은 나이 때문에 어쩔 수 없었다고 변명했다. 하지만 장모는 사위에게 다시는 보지 않겠다고 통고하며 자리보전하고 누웠다. 이에 성희안은 박원종 등에게 부탁해 신수린을 책봉하기에 이른다.

신수린의 수식어 '노와공신'은 '화가 나서 누워버리자 공신이 되었다'는 의미다.

그런데 이런 자기 사람 챙기기에 임금도 예외는 아니었다.《중종실록》1506년 9월 17일 자 기록을 보면, 거사할 때 밖에 있어서 참여하지 못한 형조참판 윤탕로(尹湯老)와 제안대군 이현(李琄), 당양위(唐陽尉) 홍상(洪常) 등 가까운 인사 세 사람을 부탁한다. 사실 임금이 권위가 강하다면 부탁할 것도 없이 그냥 넣으라고 명령하면 그만일 터이지만, 이때 중종의 위상은 그 정도가 아니었다.

그러자 실세들은 이런 논리로 대응한다. 윤탕로는 밖에 있었어도 추대의 마음이 있었을 것이어서 책봉하고, 공이 없는 이현과 제주에 있던 홍상은 녹공할 수 없다고 했다.

이런 식으로 공신에 대해 고무줄 잣대로 추가하다 보니 117명까지 늘어난 것이었다. 실제로 공신 문제는 숫자로 끝나는 게 아니다. 이들에게 주는 포상이 관직을 비롯하여 토지, 노비, 특산물 등 상상을 초월할 만큼 푸짐히다. 따라서 공신늘에게 주는 포상이 국가 재정에 미치는 영향 또한 그만큼 크다.

정국공신 책봉 문제가 이렇게 일단락되었다. 하지만 시중에는 공훈 책봉에 문제가 있다는 얘기가 돌기 시작했다. 다만 공훈 당사자인 훈구파의 서슬 퍼런 위압이 무서워 쉽게 입 밖에 내지 못했을 뿐이다. 그래도 공공연한 비밀을 바로잡으려는 시도가 여러 차례 있었지만 헛수고로 끝났다. 그러면서 세월이 흘러 공신자가 하나둘 사망하면서 이에 대한 문제의식 역시 사람들의 기억에서 멀어져갔다.

하지만 권력의 핵심으로 떠오른 사림파는 이 문제를 잊지 않고 있었다. 어떻게 해서든 이 문제를 개혁하지 않으면 도학 정치는 물 건너간다는 위기의식이 컸다. 관료가 잘못을 알고 바로잡지 않으면 그건 회피가 아니라 직무 유기다. 그래서인지 1519년 10월 이에 대한 개정 요구가 공식적으로 제기된다. 사림파의 조광조와 이성동 등이 나섰다.

> "공신에 참여한 자 중에 폐주 연산군의 총신이 많습니다. … 비록 폐
> 주의 총신이라도 반정 때 공이 있었다면 기록되어야겠으나, 이들은
> 그다지 공도 없지 않습니까. 공신을 중히 여기면 공을 탐내고 이익을
> 탐내어 임금을 죽이고 나라를 빼앗는 일이 다 여기서 말미암은 것입
> 니다. 임금이 나라를 잘 다스리게 하려면 먼저 이의 근원을 막아야 합
> 니다."(《중종실록》 1519년 중종 14년 10월 25일)

이렇게 말한 조광조와 이성동은 개정해야 할 공신의 대상에 대해
서도 구체적으로 거론했다. 특히 2등과 3등 중에 개정해야 할 사람
이 많다면서 명단까지 보고한다. 이미 죽은 1등은 실익이 없다는 생
각에서 제외하고, 2등과 3등 중 심한 자는 삭탈하고, 4등은 아무런
공이 없는 자들이기에 모두 삭탈하겠다는 내용이었다.

조정이 발칵 뒤집혔음은 물론이거니와, 중종도 예상하지 못한 요
구에 당황하는 빛이 역력했다. 자칫 이 문제를 잘못 건드렸다간 어
떤 일이 벌어질지 아무도 예상할 수 없을 만큼 민감한 문제가 수면
위로 올라온 것이다.

그 결과 중종과 사림파의 기싸움이 시작됐다. 어느 한쪽도 양보
하지 않고 팽팽하게 활줄을 조여나갔다. 중종은 요지부동이었다. 사
림파 쪽에선 승정원과 홍문관까지 동원하였지만 허사였다.

143

결론이 나지 않은 기싸움이 여러 날 계속되자 사림파는 결국 마지막 배수진을 쳤다. 사직서를 제출한 것이다. 그리고 밤새며 윤허해 줄 것을 중종에게 읍소했다. 중종은 이들의 끈질긴 요구에 점점 지치기 시작했다. 그러다 결국 '일부' 내용에 대해 동의한다고 한발 물러섰다. 그리고 11월 11일 정국공신 개정에 관한 전지를 내린다. 이날 지《중종실록》기록이다.

> "내가 어질지 못하더라도 감히 하늘을 속이고 백성을 속일 수 없다. 내 어찌 공훈 없이 헛되이 기록된 것을 나라의 방침으로 결단하지 않을 수 있겠는가? … 외람된 걸 추가로 바로잡아서 공훈을 적은 문건을 맑게 하라."

중종은 마침내 조광조 등이 요구한 위훈삭제안을 받아들이기에 이른다. 중종이 사림파의 개혁을 받아들인 의미는 명백하다. 중종이 보기에도 공훈 선정에 문제가 있었다는 것을 인정한 셈이다. 결국 이렇게 정국공신 중 엉터리 공신들이 삭제되기에 이르렀다.

중종의 위훈 삭제 결단은 개혁 세력에게 가장 민감한 개혁을 해냈다는 자신감을 심어주기에 충분했다. 또 큰 개혁의 산을 하나 넘으면서 향후 개혁 작업에도 날개를 달았다.

# '주초위왕' 새긴

## 나뭇잎 발견되다

사림파의 개혁은 이제 한고비를 넘기며 거침없이 달려나갔다. 누구도 이뤄내지 못했던 '가짜' 공훈을 삭제했다. 이는 단순한 공훈 삭제를 넘어 더 큰 의미를 지내고 있는 매우 민감한 주제였다. 이 개혁은 적폐를 청산하는 것이기도 하거니와, 누가 보더라도 훈구파를 겨냥한 것이기 때문이다.

하지만 훈구파가 그냥 당하고만 있었을까? 공격이 있으면 방어하고, 방어로 만족하지 못하면 되레 공격하는 게 인지상정이다. 그렇다고 훈구파의 세가 눈에 띄게 위축된 것도 아니었다. 사림파가 아무리 공정과 상식을 명분으로 내세운다 한들, 훈구파 역시 자신들의 도덕성뿐만 아니라 이익까지 침해하는 일이라 내버려 둘 수 없었다. 결국 훈구파는 반격에 나서기 시작한다.

이 무렵 훈구파는 사림파의 일거수일투족이 거슬렸다. 가짜 공훈을 삭제한다는 등 들려오는 소문이 결국 자신들을 겨냥하고 있었기 때문이다. 이에 훈구파는 그 대응책을 나름대로 준비하고 있었다.

더욱이 중종도 사림파의 계속된 개혁 압박감에 피로감을 느끼고 있었다. 개혁이 물론 옳은 일이기는 하지만, 예상을 뛰어넘어 동의하기 어려운 것도 많았다. 그러다 보니 중종과 사림파 사이에도 약간의 틈이 보이기 시작했다.

이럴 즈음 이른바 '주초위왕(走肖爲王)' 사건이 일어난다. 벌레가 갉아 먹어 '주초위왕'이라 새겨진 나뭇잎이 발견된 것이다. 走(주)+肖(초)는 '조(趙)' 자가 되므로 조 씨가 왕이 된다'는 뜻이다. 그렇다며 조 씨는 누구인가. 당시 실력자인 조광조라는 건 세상이 다 아는 사실이었다.

이건 역모도 보통 역모가 아니다. 통상 역모가 일어나더라도 왕족인 전주이씨 가문의 한 인물을 내세우는데, 이 경우는 아예 성을 바꾸는 것이었다. 고려의 '왕' 씨를 '이' 씨로 바꾸는 역성혁명에 버금가는 폭발력을 가진 사건이다.

이 얘기에 대해 믿을 수 없는 야사라는 평가가 지배적이지만, 허무맹랑하면서도 '공작'의 의미가 은밀히 피어나는 그럴듯한 스토리텔링이어서 큰 관심을 끌었다.

야사에는 홍경주의 딸인 후궁 희빈 홍 씨가 나인들을 시켜 궁중 동산의 나뭇잎에 꿀로 '주초위왕'이라고 바르도록 해서 만든 것으로 나온다. 그런데 《중종실록》에 등장하지 않는 이 일화가 《선조실록》에 등장한다. 《선조실록》에는 조광조 등이 교류를 허락하지 않자, 남곤이 이런 일을 저질렀다고 했다. 《선조실록》 1568년 선조 1년 9월 21일 치에 실린 '《중종실록》에 누락된 남곤 등이 조광조를 모해한 전말'이라는 제목의 기사이다.

> "당초 남곤이 조광조 등에게 교류를 청하였으나 조광조 등이 허락하지 않자, 남곤이 유감을 품고서 조광조 등을 죽이려고 하였다. 이리하여 나뭇잎의 감즙(甘汁)을 갉아 먹는 벌레를 잡아 모으고, 꿀로 나뭇잎에다 '주초위왕(走肖爲王)' 네 글자를 많이 쓰고서 벌레를 놓아 갉아 먹게 하기를 마치 한(漢)나라 공손(公孫)인 병이(病已)의 일처럼 자연적으로 생긴 것같이 하였다. 남곤의 집이 백악산 아래 경복궁 뒤에 있었는데 자기 집에서 벌레가 갉아 먹은 나뭇잎을 물에 띄워 대궐 안의 어구(御溝)에 흘려보내어 중종이 보고 매우 놀라게 하고서 고변하여 화를 조성하였다, 이 일은 《중종실록》에서 누락 한 것이어서 여기에 대략 기록하였다."

이 기록으로 보아 아마도 주초위왕 사건은 실체가 있었던 일로 보인다. 또 이 사건은 누가 저질렀든 당시 훈구파는 조광조를 눈엣 가시처럼 여겼다는 증거가 되기에 충분하다.

사실 훈구파의 홍경주·남곤·심정 등이 중종의 후궁들에게 부탁하여 기회만 되면 중종에게 조광조 등의 사림파를 모함했다. 특히

147

희빈 홍 씨는 이런 말을 중종에게 했다고 한다.

> "나라의 인심이 모두 조 씨에게 돌아갔습니다. 지금 조광조 일파가 공훈 삭제를 주장하는 건 나라의 중신을 모두 제거한 후 그들 마음대로 국사를 하고자 함이요, 또 현량과를 만들어 그들의 세력을 공고히 하여 옛 신하 중에 조금만 못마땅한 사람이 있으면 이를 배척하여 가히 입을 열지 못하게 하려는 겁니다. 만일 지금 그들을 처치하지 않으면 이겨내지 못할 것입니다." (강주진, 《조정암의 생애와 사상》)

그러잖아도 그동안 개혁 작업을 통해 마음이 상했던 중종은 홍 씨 등 후궁들의 말이나 훈구파들이 올리는 말들을 들으며 사림파들이 문제가 있는 것 아닐까 의심하기 시작했다.

그리고 중종은 고민했으리라. 조광조의 사림파를 어떻게 할 것인가. 그대로 중용할 것인가, 그동안의 폭주를 이쯤에서 멈추게 할 것인가.

# 중종,

## 밀지를 내리다

이 무렵 중종이 마침내 사림파를 제거하겠다고 마음을 굳히는 일이
일어난다.

《중종실록》 1519년 11월 18일 기록을 보면, 중종은 홍경주에게
서 무사 30명이 문사를 제거하려 한다는 소문을 듣는다. 문사는 누
가 보더라도 조광조를 비롯한 사림파다. 문사들에게서 홀대받은 무
사들이 보복하려 하므로, 문사를 먼저 제거해서 무사들의 행동을 막
아야 한다는 게 홍경주가 왕에게 이 사실을 아뢴 목적이었다.

알고 보면 홍경주의 이 같은 계략은 중종의 입에서 직접 사림파
를 제거하라는 말이 나오도록 유도했다는 인상을 지울 수 없다.

어찌 되었든 중종으로서는 무사들의 행동을 제어해야 했다. 군사
들이 행동한다는 건 임금인 자신도 무사할 수 없다는 불안감이 크
기도 했을 것이다. 이복형 연산군의 말로가 어떠했는지를 누구보다

149

잘 알고 있지 않은가.

훈구 세력은 홍경주가 왕에게 무사 얘기를 꺼낸 것을 계기로 좀 더 구체적인 얘기를 중종에게 올린다. 이장곤이 남곤에게서 들었다며, 박배근이 주동자라고 했다. 도총부 경력인 박배근은 유자광의 사돈으로, 유자광에게 아첨하여 관직에 발탁되었다고 한다. 그러자 중종은 무사들의 행동보다 선수를 쳐서 이들의 발호를 막기 위해 조광조 일파를 제거하기로 한다. 이 과정에서 남곤이 그 유명한 말을 남겼다.

"소인이 군자를 해쳤다는 말을 들어도 상관하지 않겠다."

중종의 사림파 제거를 실행하는 또 하나의 단초가 있다. 《중종실록》에 이런 기록이 나온다. 1519년 중종 14년 12월 29일 자 사신의 논평이다.

"임금이 신하와 함께 신하를 제거하려고 꾀하는 것은 도모에 가깝기는 하나, 간사한 무리는 이미 이루어졌고 임금은 고립하여 제재하기 어려우니, 함께 꾀하여 제거해서 나라를 안정하게 하려 한다."

임금이 신하와 함께 신하를 제거하려고 꾀한다? 에두를 거 없이 곧바로 말하면, 중종이 훈구파와 손잡고 사림파를 제거하겠다는 얘기였다. 그러면 이 같은 '도모'의 전조가 분명 있었을 것이다.

《중종실록》1519년 중종 14년 11월 16일 치를 보면 단서가 보인다. 이날 중종이 홍경주에게 밀지를 내린다. 홍경주는 이 밀지를 남곤에게 건네고, 남곤이 정광필을 만났다.

그런데 재미있는 건 남곤이 천민으로 위장하고 갔다는 점이다. 예조판서가 영의정을 만나러 가면서 왜 변장까지 해야 했을까. 혹시 누가 보면 안 되어서 비밀리에 어떤 임무를 수행하기 위함이 아닐까. 정광필을 만난 남곤이 머뭇거림 없이 이렇게 말했다.

> "조광조 무리를 한 사람이라도 남겨놓으면 그 해가 무궁할 것이오. 주상께서 오늘 반드시 대감을 불러 의논할 것이니, 대감은 주상의 뜻을 받들어 조광조 무리를 남김없이 제거하여 나라를 안정되게 하시오. 만약에 그렇지 못하면 후회할 일이 많을 것이오."

이 무슨 협박인가. 남곤으로부터 중종의 밀지 얘기를 들은 정광필은 불쾌감을 감출 수 없었다. 추상같은 말로 남곤을 꾸짖었다.

> "대감은 재상의 몸으로 천인으로 변장하고 장안을 돌아다니면서 무슨 짓을 하는 것이오. 사림을 해치는 일은 나로서는 차마 할 수 없소이다."

그러자 남곤이 변장을 벗고 행패를 부렸다고 한다.

그러면 중종이 내린 밀지가 도대체 어떤 내용이었기에 정광필이 이토록 민감한 반응을 보였을까. 《중종실록》에는 밀지를 내렸다고 만 할 뿐 자세한 내용이 나오지 않는다. 다만 《연려실기술》에 그 전 문이 실려 있다. 좀 길더라도 전문을 읽어 보자. 중종이 조광조의 사 림파를 어떻게 생각하는지가 고스란히 담겨 있기 때문이다. 아울러 앞으로 일어나게 될 사화의 주인공들 이름도 심심찮게 등장한다.

> "조광조 등이 정국공신 삭제를 청한 건 신하가 임금을 폐하지 못한다 는 강상(綱常: 윤리를 범한 죄)을 중하게 하는 것이라 하였다. 그러면서 먼저 공이 없는 자를 삭제한 뒤에 겨우 20여 명의 이름을 남겨 연산 을 폐한 죄를 성토하였다. 그러고 나면 경 등은 어육이 될 것이요, 그 다음에는 나에게 미칠 것이다. 주초의 무리가 간사하기가 왕망(王莽: 한나라의 역적)이나 동탁(董卓: 한나라의 역적)과 같아 온 나라 인심을 얻 어서 벼슬아치들이 우러러보는 바가 되었다. 하루아침에 송 태조 때 곤룡포를 몸에 덮어 입히는 변이 있게 되면 비록 조광조가 사양하고 자 하나 그만둘 수가 있겠는가.
>
> 조광조가 현량과를 설치하자고 청한 것도 처음 생각에는 인재를 얻 기 위해서인 줄 알았다. 지금 생각해 보니 반드시 저들의 일을 하는 사람을 심으려 했던 거다. 이들을 잘라 없애려 하나 경의 사위 김명 윤(金明胤)이 그 속에 있으니, 이것이 한스럽다. 내 심복이 몇 사람이

나 있는가.

정광필은 왕실에 마음을 둔 자이나 이장곤은 처음부터 그렇지 않았다. 이제 소인배에게 붙었으니 믿을 수 없다. 심정은 근래 비록 논박을 입었으나 재간이 있으니 가히 신임할 만하다. 내가 이들을 제거하려는 뜻을 딴 사람에게 번거롭게 말하지 말고 남곤과 심정에게 묻는게 어떠한가. 유용근(柳庸謹)과 한충(韓忠)과 김세희(金世熹)는 모두 무예가 있다고 자부하니 두려워할 만하다.

조정에서 이 무리를 제거한다면 저녁에 죽더라도 근심이 없겠다. 지난번 경연에서 기준이 말하기를, '조광조 같은 자는 정승 자리에 합당하다' 하였다. 벼슬을 명하는 것이 모두 이 무리한테서 나오는 터이다. 나를 반드시 임금으로 여기지 않는 것이요, 한갓 그 이름만 지키고 있을 따름이다.

조광조는 말이 공손하고 온순하여 옳은 사람같이 보이나 수년 사이에 벼슬을 뛰어서 높이 썼으니 내가 마침내 주초의 꾀 속에 떨어진 거다. 명백하게 이들을 죄주고 싶으나 대간과 홍문관과 육조와 유생들이 모두 불가하다고 말하면 내가 어찌할 수 없다. 어떻게 처리해야 할지 몰라 요즘에는 먹어도 맛을 알지 못하고 자도 자리가 편안치 못하여 파리한 뼈가 드러났다. 내가 이름은 임금이나 실상은 아무것도 알지 못한다. 옛날에 유용근이 거만하게 나를 보았으니 반드시 임금으로 여기지 않는 마음을 가졌을 것이다. 경들은 먼저 그를 없앤 뒤에 보고하라."

조광조가 뜻이 맞는 사람들과 똘똘 뭉쳐 왕망이나 동탁과 같은 짓을 하면서 온 나라의 신임을 얻고 있는데, 이들은 간사하기 이를 데 없으므로 제거하라는 것이다.

이 밀지는 홍경주에게 내린 것으로 추정된다. '경의 사위 김명윤'이라는 구절로 미루어 보면 홍경주가 맞다. 김명윤은 홍경주의 딸에게 상가를 들었다.

중종의 밀지는 직접 조광조를 제거하려 했음을 보여준다. 덧붙여 개혁의 대상이 된 훈구 세력과 이해관계가 맞아떨어지면서 힘을 합쳐 음모를 꾸몄다고 볼 수 있디.

중종과 조광조의 사림파 사이가 왜 이 지경에 이르렀을까. 둘 사이의 화합이 그런대로 맞지 않았는가. 물론 사림파가 앞에서 끌고 중종이 뒤에서 따라가는 형국이긴 하였더라도 훈구파가 위기의식을 느끼게 하기에 충분했다.

그런 중종이 밥을 먹어도 맛을 모르고 잠을 자도 잔 것 같지 않아 바싹 여위었다고 과장된 엄살을 피운다. 그동안 훈구파와 후궁들의 중종에 대한 가스라이팅이 실효를 거두고 있다는 걸 보여주는 반증 아닌가.

아마도 중종은 사림파를 믿고 중용했다기보다 자기 정치를 위한 수단으로 삼았던 것 같다. 중종이 사림파와 개혁을 추진하면서 서로 손발을 맞춘 지가 불과 4년밖에 되지 않았다. 아직 추진해야 할 개혁이 산적해 있기에 중종의 사림파 손절은 이것 말고는 설명이 되지 않는다.

중종은 조광조와 사림파가 더 이상 효용 가치가 없다는 결론을 내린 셈이다. 어느 날 갑자기 훈구파의 옹립으로 왕이 되었더라도 이젠 나 혼자서도 잘할 수 있다는 자신감이 생길 만했다. 임금에 오른 지 십수 년이 넘으면서 권력의 속성을 어느 정도 파악했을 터이다. 그래서인지 중종의 단호함이 밀지의 맨 마지막 문장에 고스란히 드러난다.

"그를 없앤 뒤에 보고하라."

이런 상황에서 훈구파가 중종과 사림파 사이에 벌어지는 틈새를 놓칠 리 없다. 중종이 이미 사림파에게서 마음이 멀어지고 있음을 간파한 훈구파는 이걸 뒤집을 대반격을 준비하기 시작했다.

# 신무문의 난이

## 일어나다

**1519년 11월 15일 밤, 경복궁 북문인 신무문.**

강원도 강릉에 때아닌 동백꽃이 피었다는 그날, 병조판서 이장곤, 판중추부사 김전, 호조판서 고형산, 화천군 심정, 병조참지 성운 등 훈구파 대신들이 모여들었다. 문은 이미 열려 있었다. 홍경주가 중종에게 다음과 같이 미리 알려 놓았기 때문이다.

> "변란을 직접 알리려 하나 주상을 모시는 신하들이 모두 조광조의 심복이어서 뜻을 이룰 수가 없습니다. 사태가 매우 급하니 신무문을 열어주시면 밤에 들어가서 말씀드리겠습니다."

왜 하필 신무문(神武門)인가. 경복궁에는 4개의 문이 있다. 동쪽

건춘문을 비롯하여 서쪽 영추문, 남쪽 광화문, 그리고 북쪽 신무문이다. 신무문은 음기가 강해 평소에는 닫아둔다. 그러다 비상시 또는 왕의 비밀 행차 때와 궁녀나 나인의 시체를 내보낼 때 사용하는 문이었다.

훈구파가 신무문을 택한 데는 그럴 만한 이유가 있었다. 대궐 모든 문의 열쇠는 승정원에서 관리한다. 하지만 신무문만은 궁중의 허드렛일을 도맡아 하는 사약방에서 관리했다. 그런데 그날 숙직하는 승지가 조광조 일파인 윤자임과 공서린이 아닌가. 이들이 있는 한밤에 몰래 대궐에 들어갈 방법이 없었다. 그래서 관료들은 거의 사용하지 않는 신무문을 택한 것이다.

이 문을 통해 훈구파들은 아무런 제지도 받지 않고 들어갔다. 뒤늦게 신무문이 열렸다는 얘기를 듣고 윤자임과 공서린이 허둥지둥 뛰어와 이들에게 어떤 일로 왔느냐고 물었다. 이장곤은 "대내에서 표신으로 부르셨기 때문에 왔다"고 했다. 표신은 궁중에 급한 일이 있을 때 드나들 수 있는 신분증 같은 것이다. 이미 군대들도 들어와 둘러싸고 있었다. 이어 홍경주, 남곤, 김전, 정광필 등도 달려왔다. 잠시 《중종실록》 1519년 중종 14년 11월 15일 기록을 보자.

윤자임이 말하기를,
"어찌 정원을 거치지 않고서 표신을 냈는가?"
하고, 곧 승전색(내시)에게 청하여 임금에게 직접 아뢰고자 하니, 승전

157

색 신순강이 곧 나와서 성운을 불러 말하기를,

"당신이 승지가 되었으니 곧 들어가 전교를 들으시오."

이 말을 들은 윤자임이 외치기를,

"이것이 무슨 일인가?"라고 하자 성운이 일어나 들어가려 하니,

"승지가 되었더라도 어찌 사관이 없이 입대할 수 있겠소?"

윤자임이 성운에게 외치며 주시 인정을 시켜 성운을 밀리게 하였다.

안정이 말하기를 "급한 일이 있더라도 사관은 참여하지 않을 수 없소" 하고, 드디어 성운의 띠를 잡고 함께 들어가려 하였으나, 성운이 안정의 팔을 치고 안으로 들어가니, 문을 지키는 5~6인이 심정을 밀어냈다. 얼마 안 지나서 성운이 도로 나와 송이쪽지를 내보이며 말하기를,

"이 사람들을 다 의금부에 하옥해라."

하였는데, 거기에 적힌 것은 승정원에서 숙직하던 승지 윤자임 공서린·주서 안정·한림 이구 및 홍문관에 숙직하던 응교 기준·부수찬 심달원이었다. 윤자임 등이 다 옥에 갇히고, 또 금부에 명하여 우참찬 이자·형조판서 김정·대사헌 조광조·부제학 김구·대사성 김식·도승지 유인숙·좌부승지 박세희·우부승지 홍언필·동부승지 박훈을 잡아 가두게 하였다. 이후로는 사관이 참여하지 않았다.


여기까지의 과정을 보면 사림파를 일망타진하는 게 싱겁게 느껴질 정도로 쉽게 끝났다. 그도 그럴 것이 조광조를 비롯한 사림파는

이 같은 일을 까마득히 모른 채 깊은 잠에 빠졌을 시간이다. 몇몇 당직자가 있었지만 대세를 막기에는 역부족이었을 테고.

이른바 임금을 등에 업고 권력을 쟁취한 이날, 훈구파의 '친위쿠데타'를 역사는 '기묘사화(己卯士禍)'라고 부른다.

자다가 졸지에 붙잡혀 의금부에 끌려온 조광조는 그 이유를 몰랐다. 다만 함께 갇혀 있는 8명의 신진 관료를 보니 짐작이 가기는 갔다. 이들은 조광조와 함께 개혁 작업을 주도하는 인사들이었다.

조광조는 짚이는 게 있었다. 얼마 전 단행한 위훈 삭제에 불만이 있는 세력이 일으킨 일 같았다. 하지만 임금만은 이들과 생각이 다를 거라고 확신했다. 조광조는 임금의 오해를 풀어야 했다. 조광조는 주상을 만나게 해달라고 악다구니를 쳤다. 하지만 이미 주사위는 던져졌다.

조광조를 비롯한 사림파에게 씌운 죄목은 무엇이었을까? 훈구파의 핵심이자 중종이 밀지에서 믿을 만하다고 한 남곤과 심정 등이 중종에게 아뢴 말을 보자. 《중종실록》 1519년 중종 14년 11월 15일 기록이다.

"조광조 등이 서로 붕당을 만들어 그들에게 붙는 자는 높은 벼슬을 주고 그렇지 않은 자는 배척하였습니다. 권세를 한 손에 쥐고 임금을 속여 사사로운 이익을 취하였습니다. 후진들을 꾀어 나쁘게 가르침으로써 선배와 상사를 업신여기게 하였습니다. 그러니 나라와 형세는 기울어지고 국정은 날로 잘못되어 갔습니다. 조정의 신하들이 분하고 한스러움을 금하지 못하나 그 세력이 두려워 감히 입을 열지 못합니다. 사세가 이렇게 되니 한심함을 금하기 어려우니 그들을 베어 쫓아서 죄상을 밝히소서."

이튿날 날이 밝자 사림파에 대한 국문이 시작됐다.

# "그렇다면 내 죽음은

---

# 틀림없소!"

---

조광조를 비롯한 서른 살 안팎의 젊은 사림파 관료들은 문초에서 하나같이 오로지 나라를 위해 몸 바쳤을 뿐 붕당을 맺지 않았다고 항변했다.

이들에게 씌운 '붕당죄'는 조선에서는 매우 엄중하게 다뤘다. 붕당(朋黨)은 정치적 사상이나 이해관계에 따라 이루어진 당파 집단을 말하는데, 붕당을 만드는 것 자체를 범죄로 인식하였다.

얼핏 보기에 관료가 된 사림파를 하나의 집단이라고 본다면 집단일 수 있다. 이들이 집단을 이루어 개인이나 집단의 일을 도모했다면 그런 죄명이 당연할 것이다. 하지만 이들이 사사로이 이익을 챙기려 하지 않았다는 건 훈구파들도 잘 알고 있었고, 여러 대신이 변호하기도 했다. 붕당의 차원에서 말한다면 '친위쿠데타'를 도모한 훈구파가 오히려 더 집단을 이루었지 않은가.

친위쿠데타에 대한 소문이 돌자, 이약수 등 성균관 유생 1백 50여 명이 상소를 올린 다음 대궐 문을 밀고 난입하여 곧바로 합문 밖에 가서 통곡하는 일이 일어났다. 잘못됐다고 주장하는 비판이 이어졌지만 헛일이었다.

특히 영의정 정광필이 나서서 "임금께서 다 뽑아서 현관과 요직의 빈열에 두고 말을 다 들어 주셨는데 하루아침에 죄주면 함정에 빠뜨리는 것과 비슷하다"며 선처를 요구했지만, 중종은 단칼에 거절한다. 그런 후 중종은 이들에게 죄를 내렸다.

> "조광조·심정은 사사하고, 김식·김구는 장 1백에 치히여 절해고도에
> 안치하고, 윤자임·기준·박세희·박훈은 장을 속(贖)하고 벼슬을 내린
> 사령서를 진탈하고 외방에 부처(付處: 특정 지역을 지정해 머무르게 하던
> 형벌)하도록 하라."

죄를 주는 중종의 전교가 내려지자 정광필 등이 나서 죄가 너무 무겁다며 다시 생각해달라고 간청했다. 그러자 중종은 죄를 다시 내렸다. 조광조 등에게 사사하는 걸 면하게 했다. 다시 정광필이 호소했다. 사형을 면하게 한 건 살리는 뜻인데, 병약해 장형을 맞다가 죽을 수도 있으니 이것도 감해달라는 거였다. 하지만 중종은 가볍게 생각해서 그렇게 한 것이 아니니, 이제 고칠 수 없다고 못 박았다. 이들의 유배지도 결정됐다. 조광조는 능주, 김정은 금산, 김구는 개

녕, 김식은 선산, 박세희는 상주, 박훈은 성주, 윤자임은 온양, 기준은 아산이었다.

이렇게 사림파들에게 벌을 내림으로써 기묘사화는 1차 막을 내렸다. 하지만 이게 끝난 게 아니었다.

기묘사화가 일어난 후 조정 분위기가 개혁에 대한 비판이 커지면서 친위쿠데타의 도화선이 됐던 가짜 정국공신 개정은 다시 취소돼 없던 일이 됐다.

이러는 가운데 조광조를 죽이라는 상소가 올라온다. 사실 중종은 조광조가 귀양 간 지 한 달 남짓 되어도 분이 풀리지 않았다. 중종의 속내는 조광조를 죽여야만 했던 것 같다. 하지만 아무도 나서서 죽이자고 청하는 사람이 없어서 결단하지 못하고 있었다. 그런 와중에 생원 황이옥(黃李沃)과 유학(幼學) 윤세정(尹世貞)·이내(李來) 등이 상소를 올렸다. 《중종실록》 1519년 중종 14년 12월 14일 기록이다.

> "전하를 속인 자는 전하께서 마음대로 하셔도 되겠으나 하늘을 속인 자는 전하께서 마음대로 하실 수 없다고 생각합니다. 바라건대, 전하께서는 이들을 죽여서 하늘의 꾸지람에 보답하소서. 또 무리가 흩어지지 않는 까닭은 일고여덟 사람이 살아 있는 것을 믿기 때문이니, 이 무리의 괴수를 죽여서 그 나머지 사람에게 위엄을 보이면 오합지졸이 위축되고 조정이 안정될 것인데, 무엇이 어려워서 하지 않으십니까?"

기묘사화

그런데 이 상소의 끝에 덧붙인 사관의 논평이 의미심장하다.

"생원 황이옥이 이를 알아차리고 망령된 이내·윤세정 두 사람과 함께 상소하여 조광조를 극심하게 헐뜯고 선비들을 많이 끌어내어 조아(爪牙, 짐승의 발톱과 어금니)·우익(羽翼, 도와 받드는 사람)·응견(鷹犬, 사냥에 쓰는 매와 개)이라 지칭하니, 임금이 소를 보고 곧 조광조 등에게 사사하고, 이옥 등을 칭찬하여 술을 내리라고 명하였다."

그런데 상소의 주동자 황이옥은 처음에 조광조를 변호하였다고 한다. 하지만 어찌 된 영문인지 태도를 돌변해 남곤과 심정 세력에 가담해 조광조를 죽이라는 상소를 올린 것이다. 그 자신도 이런 행실이 떳떳하다고 여기지 못한 탓인지 이름을 황계옥(黃季沃)에서 황이옥으로 바꿨다고 한다. 그래서 실록은 황이옥이라고 기록했다.

울고 싶은데 뺨 맞은 중종은 기다렸다는 듯 황이옥의 상소를 접하고는 곧바로 결단을 내렸다. 중종은 1519년 중종 14년 12월 16일 전교를 내렸다. 이날 《중종실록》 기록이다.

"대저 죄는 크고 작은 차이가 있는데 벌은 경중이 없이 한 조목으로 죄주는 것은 법에 어그러지므로 대신들과 경중을 상의하여 조광조는 사사하고 김정·김식·김구는 섬에 안치하고 윤자임·기준·박세희·박훈은 최변방에 안치하라."

# 1519년 12월 20일, 전라도 능주 조광조 유배지.

중종의 전교가 내리자 금부도사 유엄(柳渰)이 조광조의 사사 명을 집행하기 위해 말을 타고 한양을 출발했다. 이제나저제나 임금이 다시 부를 것으로 기대하며 사립문 밖을 내다보던 조광조는 저 멀리 먼지를 휘날리며 달려오는 말을 발견한다. 임금의 전갈을 가지고 온다고 생각하여 조광조는 버선발로 나가 맞았다.

조광조 앞에 당도한 유엄은 사약을 받으라는 어명을 전했다. 그러자 예상 밖의 급작스러운 사사의 명에 조광조는 믿지 못하겠다는 듯 당황하여 땅에 털썩 주저앉았다. 이내 정신을 차린 조광조는 금부도사에게 물었다.

"나는 참으로 죄인이오. 사사의 명만 있고 사사의 글은 없소?"

그러자 유엄이 가지고 온 쪽지를 보여줬다. 쪽지를 본 조광조의 반응이 의미심장하다.

"내가 전에 대부 줄에 있다가 이제 사사 받게 되었는데 어찌 다만 쪽지를 만들어 도사에게 부쳐서 신표로 삼아 죽이게 하겠소? 도사의 말이 아니었다면 믿을 수 없을 뻔하였소"

기묘사화

아마도 유엄의 말을 믿겠다면서도 조광조는 이 어명이 혹시 임금도 모르게 누가 중간에서 마음대로 만든 일이 아닌가 하는 의심을 한 것이다. 그래서 조광조는 유엄에게 묻는다.

"정승이 된 자는 누구요? 심정은 지금 어떤 벼슬에 있소?"

유엄은 영의정은 김전, 좌의정은 남곤, 우의정은 이유청, 그리고 심정은 의금부 당상이라고 말했다. 그러자 조광조는 체념한 듯 이렇게 말했다고 한다.

"그렇다면 내 죽음은 틀림없소!"

조광조가 유엄더러 조정에서 우리를 어떻게 말하는지를 물었고, 유엄은 왕망(王莽)의 일에 비해서 말하는 것 같다고 했다. 왕망은 중국 전한 시대 관료였지만, 권모술수로 선양을 가장한 찬탈로 신나라를 건국한 황제를 말한다. 그러자 조광조가 웃으며 말했다.

"왕망은 사사로운 일을 위해서 한 자요. 죽으라는 명이 계신 데도 한참 동안 지체하는 것은 옳지 않은 일이 아니겠소? 그러나 오늘 안에 죽으면 되지 않겠소? 내가 글을 써서 집에 분부하여 조치할 일이 있으니, 조처가 끝나고 나서 죽는 것이 어떻겠소?"

유엄이 양해하자 조광조는 방에 들어가 절명시(絶命詩)를 썼다. '절명시'를 보더라도 조광조는 끝까지 중종을 믿었던 듯하다.

> "임금을 어버이처럼 사랑하였고, 나라를 내 집처럼 근심하였네. 해가 아래 세상을 굽어보니, 충정을 밝게 비추리(愛君如愛父 憂國如憂家 白日臨下土 昭昭照丹衷)."

그리고 조광조는 거느린 사람들에게 "내가 죽거든 관을 얇게 만들고 두껍게 하지 말아라. 먼 길을 가기 어렵다"고 일렀다. 글을 쓰고 분부하는 일을 끝내고는 집주인을 불러 "내가 네 집에 묵었으므로 마침내 보답하려 했으나, 보답은 못 하고 도리어 너에게 흉변을 보이고 네 집을 더럽히니 죽어도 한이 남는다"며 몹시 미안해했다고 한다.

그러고 나서 조광조는 사약을 마셨다. 그러나 쉽게 목숨이 끊어지지 않았다. 이에 금부도사를 수행해 온 군졸들이 달려들려고 했다. 그러자 조광조는 호통을 쳤다.

> "임금께서 내 몸을 보존하고자 사사의 명을 내린 것이다. 너희들이 어찌 감히 이럴 수가 있느냐."

이러고 조광조는 사약을 더 가져오라고 하여 한 사발을 더 마신

167

다음에 절명했다고 한다. 향년 서른여덟 살이었다.

한편 공범자(?)랄 수 있는 김정, 기준, 한충, 김식 등은 귀양갔다가 사형 또는 자결하였다. 그 밖에 김구, 박세희, 박훈, 홍언필, 이자, 유인숙 등 수십 명이 귀양 가고, 이들을 두둔한 안당과 김안국, 김정국 형제 등도 파직되었다. 이렇게 사림과 선비들은 사라져갔다.

# 개혁은 전광석화처럼 해야

## 성공한다

연산군의 폭정으로 빚어진 혼란상을 중종의 사림파 등용으로 어느 정도 극복하는 듯싶었으나 기묘사화로 도돌이표가 되고 말았다. 중종은 가짜 정국공신 삭제를 무효화했고, 또 조광조 등에게 사약을 내리면서 동시에 현량과도 없앴다.

이로써 중종의 개혁 의지는 없었던 것으로 추정할 수 있다. 친위 쿠데타의 도화선이 된 정국공신 개정을 없던 일로 하여 훈구파에게 힘을 실어주면서, 사림파에게 씌운 '붕당 죄'의 정당성만 남았을 뿐이다. 사림파가 현량과를 통해 뜻이 맞는 선비들을 뽑아 이들을 바탕으로 붕당을 만들었다는 논리로 보면, 붕당의 원인이 되는 현량과는 존속할 필요가 없었다.

그렇더라도 조광조를 비롯한 사림파를 몰살시킬 것까지야 있었을까 하는 점에서 당시 조선 사회에 던지는 기묘사화의 충격은 컸다. 사실 많은 사람이 이들 사림파를 유배 보내는 정도로 끝낼 거라고 믿었다. 중종 자신이 그토록 신임하고 밀어주었던 사림파가 아닌가. 하지만 한 달 만에 조광조 등에게 사약을 내리는 중종의 심리 상태는 이해하기 어렵다.

붕당의 죄가 아무리 크다 한들, 눈에 띄는 범죄를 저지르지도 않았고, 국정과 민생에 악영향을 미치지도 않았다. 되레 백성들의 삶에 긍정적인 영향을 미쳤다. 다만 훈구파의 주장과 의심만 있을 뿐이다. 굳이 그들에게 죄를 묻자면 예비 붕당 죄 정도일 텐데, 이게 목숨까지 앗아갈 죄일까.

결과론적인 얘기지만 중종은 조광조가 이끄는 사림파의 철학을 신뢰해 중용했다기보다 훈구파를 견제하기 위한 '수단'으로 이들이 필요했던 것으로 보인다. 그래서 개혁 문제를 놓고 중종과 사림파가 벌였던 지루한 줄다리기가 순수해 보이지 않는다. 개혁이 계속될수록 중종의 짜증이 늘었는데, 이게 좋은 개혁을 실행하기 위한 토론이나 논쟁이라기보다 '사림파의 개혁에 대한 피로도'였던 것으로 보인다.

그래도 중종의 심리 상태는 쉽게 설명할 수 없다. 오죽하면 실록을 편찬한 사신마저 냉정하게 평했을까.

사신은, 사림파가 임금 좌우에서 가까이 모시며 하루 세 번씩 볼 정도여서 부자처럼 정을 쌓았을 텐데도, 대간이 더 죄주자는 청을 하지도 않았는데, 조금도 가엽고 불쌍히 여기는 마음 없이 죽인 것을 보니 마치 두 임금의 얼굴 같다고 했다.

우리가 여기서 생각해 봐야 할 중요한 문제가 하나 있다. 훗날 역사가들은 사림파의 개혁이 미완성으로 끝난 것에 대해 두 가지 이유를 꼽곤 한다. 바로 급진성과 과격성이다.

사림파의 개혁을 이렇게 평가할 수도 있다고 본다. 다만 개혁의 속성을 들여다보면 이 같은 평가만 내릴 수 있을까 싶다.

개혁은 언제나 상대가 있는 일이다. 기묘사화에서는 훈구파가 대상이었다. 개혁하려는 쪽과 개혁 당하는 쪽의 치열한 싸움은 불을 보듯 뻔하다. 그렇다면 개혁하는 쪽에서는 어떤 전력을 구사해야 성공할 수 있을까. 개혁 당하는 쪽의 저항을 최소화하는 것이 지혜다. 그런 점에서 개혁파는 전광석화같이 개혁을 진행하되 되도록 한 번에 끝내는 것이 상책이리라.

이런 논리로 접근해 사림파의 개혁을 들여다보면 '급진성'과 '과격성'을 띨 수밖에 없음을 알 수 있다.

개혁이란 뭉그적거리며 가다간 보이는 틈새로 개혁대상자들의 공격이 들어온다. 그런데 그 공격이 대수롭지 않다면 문제 되지 않겠지만 기득권층의 화력 역시 만만하지 않다.

사림파의 개혁도 이런 위험성을 안고 있었다. 소격서 같은 작은 개혁부터 중종을 비롯한 훈구파의 엄청난 저항에 부닥치지 않았는가. 훈구파에게 직접적인 손해를 끼치지 않는 것에도 이러할진대, 직접적인 이익과 직결된다면 목숨을 걸고 저항하기 마련이다. 가짜

171

공훈을 삭제할 때 훈구파의 사생 결단하는 저항을 보지 않았는가.

　물론 삼십대 젊은 사림파들이 개혁의 주체가 되다 보니 경험과 연륜의 부족으로 다소 서툰 면이 있을 수 있다. 또 인간이 하는 일이기에 당연히 실수도 따른다. 하지만 이건 '옥의 티'일 뿐 개혁의 공을 모두 덮어버리는 '과격성'과 '급진성'을 상징하지는 않는다.

　기묘사화로 사림피가 실각하자 어떤 일이 벌어졌는가. 그동안 해놓았던 개혁이 모두 도돌이표가 되었다. 그만큼 개혁은 어려운 것이다. 그래서 개혁은 한자 '改革'에 빗대 '살가죽을 벗기는' 고통이 따른다고 할 만큼 성공하기 힘든 과제다. 고인 물은 썩고, 썩은 물은 온갖 병균의 온상이 되어 사람의 목숨을 노린다. 그래서 개혁은 어려워도 해야만 하는 시대적 과제다.

을
사
사
화

남곤도 가고, 심정도 가고

김안로, 권력의 핵으로 떠오르다

중종, 김안로 처단 밀지를 내리다

세자, 즉위하여 인종이 되다

인종, 7개월 만에 죽다

문정왕후, 을사사화를 일으키다

벽서사건으로 을사사화 완결되다

# 남곤도 가고,

## 심정도 가고

기묘사화라는 한바탕 폭풍이 몰아친 후 새로운 권력자가 부상했다. 한 사람이 가면 그 사람을 대체할 다른 인물이 부상하는 건 역사의 법칙이다. 그런 점에서 한 인물이 부각하는 건 무척 자연스러운 현상이다.

그래서 남곤의 부상은 당연한 것일지도 모른다. 조광조를 비롯한 사림파를 제거하는 과정에서 손에 피를 묻힌 사람이기에. 조광조가 사약을 앞에 두고 정승이 누구냐고 물었다가 남곤과 심정이 건재하다는 말을 듣고 체념한 걸 보면 남곤의 위상을 알 만하지 않은가.

남곤이 처음부터 사림파와 대립하는 사이는 아니었다. 남곤은 특히 조광조와 우호적인 사이였다. 조광조의 스승 김굉필과 함께 김종직에게서 공부하였고, 김정과 박상의 구언 상소 때 조광조의 입장에 힘을 보탠 걸 보면 그를 '사림파'로 분류해도 무방하다.

177

그랬던 두 사람 사이가 벌어진 건 학문에 대한 견해차로 볼 수 있다. 물론 조광조가 중종의 총애를 받자, 남곤이 상대적으로 소외됐던 점도 한몫했을 것이고.

조광조는 경학(經學)을, 남곤은 사장(詞章: 시나 문장을 중시하는 유학)을 중요하게 여겼다. 유교적 이념을 담은 경전을 공부하는 것 대신 기교만 부리는 시나 문장에 매달리는 걸 사림파는 경계했다.

사실 남곤의 문장은 '조선 제일'이란 칭찬을 받을 정도였다고 한다. 그런 남곤이었기에 경학을 중시하는 조광조가 정국의 중심으로 활동할 때에 사장을 장려해야 한다고까지 주장할 정도였다.

그러다 남곤은 사림파의 거침없는 개혁에 위기감을 느낀 나머지 훈구파인 심정 및 홍경주와 뜻을 맞추었다. 그리고 중종을 설득하여 사림파를 제거하는 데 앞장선다.

재미있는 건 남곤 자신도 사림파를 제거한 일이 좋지 못한 일임을 알고 있었다는 점이다. 양심의 가책인지는 모르지만, 기묘사화 후 주변 사람들에게 자기 행동에 관해 물었다고 한다. '소인'으로 낙인찍힐 거란 대답을 듣고는 평생 써온 원고를 모두 불살랐다고 한다. 유명한 문장가의 글이 전하지 않는 이유다.

이런 남곤은 좌의정을 거쳐 영의정을 지낸다. 하지만 그의 정치력은 소극적이었다. 가까이 힘을 보태줄 세력이 없었다. 그러다 1521년 신사무옥(辛巳誣獄) 때 제거 대상이 되기도 한다.

신사무옥은 관상감 판관 송사련(宋祀連)이 처남 정상(鄭瑺)과 공모하여 일으킨 사건이다. 안처겸(安處謙)의 어머니 장례식에 온 인사들의 방명록을 본 이들이 안당 일파의 역모 가담자 명단이라고 고변했던 거다.

이 옥사의 행간에는 사림을 해치고 왕의 총기를 흐리게 해 기묘사화를 일으키게 한 남곤과 심정을 제거하려는 목적이 숨어 있었다. 의도된 거짓 고변이었던 셈이다. 이 사건으로 안당과 그의 아들 안처겸, 안처근, 권전(權磌), 이충건(李忠楗), 조광좌(趙光佐) 등이 죽임을 당했다.

이렇게 별 성과를 보이지 못하던 남곤이 1527년에 병으로 죽자, 그와 가까이 지내던 심정이 권력의 핵으로 떠오른다.

심정은 알다시피 중종반정 때 반정 삼대장과 함께 핵심 역할을 했던 인물이다. 하지만 사림파로부터 '소인'으로 지목되면서 물망에 오르던 형조판서가 되지 못한다. 이후 심정은 관직을 그만둔 채 한 강 변에 정자를 짓고 시문으로 시련을 달랬다고 한다. 엎친 데 덮친 격으로 아들마저 사림파의 탄핵으로 파직되었다.

이런 악연으로 사림파에 대한 복수심을 품고 있던 심정은 기묘사화 때 남곤과 홍경주 등을 끌어들이는 기획자 역할을 한다. 그리고 기묘사화 후 심정은 좌의정과 화천부원군에 봉해지는 등 남곤의 뒤를 이었다.

그러나 이들을 견제하고 권력을 차지하려는 자가 있었으니, 그가 바로 김안로(金安老)였다. 김안로는 사림파의 종주 김종직의 제자다.

그래서 기묘사화 때 조광조 일파로 분류되어 유배를 간다. 유배에서 풀려난 김안로는 사림파임에도 신진 관료로 주목받기 시작한다. 벼슬이 부제학, 대사헌을 거쳐 이조판서에 이를 정도였다. 훈구파에 대한 믿음이 온전하지 못했던 중종이 여전히 그들의 견제 세력으로 사림파를 활용하려는 의도였을 것이다.

하지만 권력자인 남곤이 이를 가만두고 보질 못했다. 결국 남곤이 그를 탄핵해 유배를 가게 만든다. 하지만 남곤이 천년만년 사는 것이 아니었던지라 결국 세상을 떠났고, 공은 김안로에게 넘어갔다.

김안로에게는 다른 사람에게는 없는 또 하나의 권력 장치가 있었다. 그의 아들 김희(金禧)가 중종의 사위라는 사실이다. 중종과 장경왕후 사이에서 태어난 효혜공주가 그의 며느리다. 다시 말해 '외척'이란 권력까지 갖고 있었던 셈이다. 이제 김안로를 당할 자가 없었다.

# 김안로,

---

## 권력의 핵으로 떠오르다

---

김안로의 권력은 동궁으로부터 나왔다. 동궁은 세자가 거주하는 궁을 일컫는데, 이때 동궁은 장경왕후가 낳은 원자이자 적장자인 '호(峼)'를 의미했다. 장경왕후는 가례를 올린 지 4년 만에 효혜공주를 낳은 후 다시 5년 만에 원자인 적장자를 낳았다. 하지만 원자는 태어난 지 일주일 만에 어머니를 잃는다.

후궁에 밀려 중종의 관심을 끌지 못했지만, 새로 왕비가 된 문정왕후는 세 살이던 원자를 지극정성으로 키웠다. 문정왕후의 원자 보호자 역할은 세자의 생모 장경왕후와 친척이라는 혈연관계까지 겹치면서 그 힘이 점점 커지기 시작했다.

중종에게는 원자가 첫아들이 아니다. 후궁인 경빈 박 씨가 중종의 실질적인 맏아들 복성군을 1509년에 낳았다. 이후 숙의 홍 씨는 해안군, 희빈 홍 씨도 금원군을 각각 낳았다.

이런 가운데 경빈 박 씨는 원자의 나이가 어린 틈을 타 복성군을 세자로 만들고자 맘을 먹는다. 복성군이 서자 신분이므로 세자가 될 가능성은 크지 않았다. 그렇다고 아주 불가능한 일도 아니었다. 권력과 정치 투쟁의 결과에 따라 얼마든지 달라질 수 있다.

중종이 적자 서자 구분하지 않고 첫아들 복성군을 남다르게 총애하였는가 하면, 그의 어머니 경빈 박 씨를 장경왕후의 뒤를 이어 새 왕비로 삼고자 했다. '미천한 출신'을 이유로 영의정 정광필이 극력 반대해 뜻을 이루지 못했지만 말이다.

물론 인지기 있는 상황에서 경빈 박 씨가 왕비가 되면, 복성군이 자연스럽게 대군이 되면서 적장자로 격상된다. 이건 쉽게 결정할 수 없는 일이기에 반대했을 것이다. 성리학적 질서는 한 번 정해진 위계는 바꿀 수 없도록 하고 있기 때문이다.

사실 경빈 박 씨에게는 든든한 뒷배가 있었다. 박원종(朴元宗). 중종반정 때 '반정 삼대장' 중 한 명으로, 연산군을 폐위하고 중종으로 왕을 바꿔본 경험을 가진 인물이다. 또 바꾼 왕 중종을 배후에서 쥐락펴락하던 인물이기도 했다. 이는 박원종이 맘먹기에 따라 세자를 복성군으로 바꿀 수 있음을 암시한다.

애초 박원종은 장경왕후에게 기대를 걸었다. 그리고 장경왕후 뱃속에서 원자까지 태어나자 이제 권력을 손아귀에 틀어쥐기만 하면 되었다. 그가 바로 장경왕후의 외삼촌이었기 때문이다. 하지만 장경왕후가 허망하게 죽으면서 닭 쫓던 개 지붕 쳐다보는 신세가 될 처지에 놓였다. 하지만 천하의 박원종 아니던가. 그는 곧바로 복성군에게 기대를 걸었다. 박원종은 복성군의 어머니인 경빈 박 씨의 출중한 미모를 보고 훗날 쓸모가 있을 것이라며 양아버지를 자처했고, 중종의 후궁이 되도록 신경 썼다고 한다. 하지만 야속하게도 박원종은 1510년에 세상을 뜬다.

이런 상황에서 장경왕후 사후 3년 만인 1517년에 문정왕후가 계비가 되고, 1520년 원자가 세자로 책봉된다. 이후 문정왕후도 가례를 올린 지 10년이 되도록 아들을 낳지 못한 상황이라 세자의 지위는 나름 확고했다.

하지만 만약 세자에게 변고가 생기고 문정왕후에게 아들이 없다는 두 가지 조건을 만족시키는 상황이 오면 세자 영순위는 누구일까. 당연히 복성군이 된다.

그런데 역사는 워낙 역동적이라 크고 작은 일들이 끊임없이 일어나기 마련인데, 어떤 건 흐지부지되고 말지만, 어떤 건 사소한 나비의 날갯짓이 되어 역사의 태풍으로 커질 수도 있다. 1527년에 일어난 '작서의 변'이 그래서 눈길을 끈다. '작서(灼鼠)'는 어려운 한자인데, 해석하면 '불에 탄 쥐'다.

이해 2월 25일 세자의 생일에 누군가가 죽은 쥐의 사지를 찢고 불에 태워 세자의 침실 바깥쪽에 걸어두는 일이 일어난다. 한 달이 지나서야 알려진 이 일로, 중종을 비롯한 왕실은 물론이거니와 온 조정이 발칵 뒤집혔다.

183

중종의 명으로 조사가 진행되고 있었는데, 3월 1일에 또 비슷한 일이 일어난다. 주술로 세자를 해하려 했다는 게 합리적인 의심이지만, 불탄 쥐를 매달아 놓은 장소가 의구심을 불러일으켰다. 주술을 부리려면 은밀한 곳이어야 함에도 사람의 왕래가 빈번한 대전과 가까운 곳이었기 때문이다. 이건 필시 다른 의도가 있는 게 아닌가 싶었다.

조사는 이곳을 드나드는 시녀들을 중심으로 진행했다. 조사 중 경빈 박씨의 시녀 범덕(凡德)의 발언이 문제가 됐다. 범덕은 경빈이 희빈과 함께 대전에 있다가 희빈이 대비전으로 가고 경빈만 대전에 남아 있었는데, 쥐를 태운 사가 경빈이라는 억측이 있다고 말했던 것이다. 이때 쥐를 버린 곳 가까이 있었던 사람이 범인이 아니냐는 쑥덕거림이 있었다. 그래서 혹시 대전에 있던 경빈이 범인이 아니냐는 의심의 눈초리가 쏠렸다. 이런 상황에서 경빈을 옹호하려던 범덕의 말은 되레 경빈이 의심받을 만한 결정적인 진술이 되었다.

여기에 자순대비의 한글 교지가 기름을 부었다. 3월 28일 경빈의 맏딸 혜순옹주(惠順翁主)의 계집종들이 인형을 만들어 목을 베는 시늉을 하면서 "쥐 지진 일을 발설한 사람은 이렇게 죽이겠다"라고 하며 저주했다는 것이다.

사태가 이렇게 전개됐지만, 경빈 쪽 사람 그 누구도 입을 열지 않았다. 그런 사실이 없어서 말하지 못했던 게 아닌가 싶기도 하다. 하지만 중종은 명확한 근거도 없이 정황과 심증으로 결단을 내렸다. 경빈 박 씨와 복성군을 폐서인하였고, 경빈 박 씨의 꿈은 물거품이 되어가고 있었다. 여기서 '되어가고 있다'라고 가능성을 조금 열어 둔 건, 상황에 따라 '사사'가 아니라 '폐서인'이라면 얼마든지 역사적 반전이 일어날 수도 있는 가능성 때문이다.

그런데 1529년 중종의 사위 김희가 아버지 김안로를 풀어달라는 상소를 올린다. 김안로는 남곤이 탄핵하여 유배를 살고 있었다. 중종은 대신들의 반대에도 불구하고 김안로를 풀어주는 한편 곧바로 조정에 복귀시킨다.

기묘사화와 탄핵을 받으면서 여러 차례 조정을 들락날락하던 김안로는 중종의 사돈이라는 관계를 등에 업고 권력이 강고해졌다. 효혜공주에게 자신이 살던 잠저마저 내줄 만큼 총애하는 중종과 공주의 시아버지 김안로의 사이가 얼마나 돈독했는지를 보여주는 기록이 있다.

> "공주가 떠받드는 속에서만 자라서 분명 시부모를 존대하여 받드는 도리를 모를 것이다. 엄격하고 사납게 대하지 말고 순순하게 가르쳐 순조롭게 되도록 하라."(《중종실록》 1521년 중종 16년 11월 11일)

이런 위세를 안은 김안로는 이른바 숙청 정치를 휘두른다. 이 같은 김안로의 공포정치를 두고 "김안로의 손에 국권이 들어갔으니 백 년 사직의 주인이 누구인가"(《중종실록》 1531년 중종 26년 12월 10일)라는 익명서가 붙을 정도였다.

# 중종,

## 김안로 처단 밀지를 내리다

1530년 여러 차례 상소를 올려 조정에 파란을 일으켰던 유생 이종익(李宗翼)이 폭탄 발언을 한다. 이종익은 자신이 과거 시험에 합격하지 못한 게 대사간 심언광(沈彦光) 때문이라는 상소를 올렸다가 수감돼 있던 중이었다.

> "남곤, 이항, 심정, 김극핍에게 박 씨(경빈)가 비단 5필씩 뇌물로 보냈는데, 남곤만 거절하고 나머지는 다 받았다."

이에 중종의 명을 받고 대사헌 김근사(金謹思)와 대사간 권예(權輗)가 이 고변을 조사한다. 그런데 이들은 이 사건을 다시 정치적으로 이용하려 한다. 기묘사화를 주동한 심정의 갓끈을 완전히 끊어버리면, 기묘사화 때 억울하게 희생된 선비들을 복권할 수 있겠다는 요량에서였다. 그래서 작서의 변 때 심정이 경빈 박 씨에게서 호박 영자를 받았다고 보고한 것이다. 이 사건으로 심정이 실각했음은 물론이다. 이걸 두고 사관이 "김근사와 권예가 모두 김안로의 무리이니, 중종과 이미 의논을 마치고 심정을 찍어낸 것"이라고 평했던 점을 보면, 이때 유배에서 풀려난 김안로의 사주를 받았을 가능성이 커 보인다.

김안로는 자신과 대립했던 이항이나 심정을 이처럼 사소한 꼬투리를 잡아 사사하는가 하면, 권력을 잡는 데 도움 주었던 이행이 정광필과 뜻을 모아 반격해 오자 잠시 주춤하는 듯하다 이행마저 내친다.

한편 이해에 효혜공주와 남편 김희가 죽었다. 이로써 혹시 김안로의 권력에 누수가 생긴 건 아닌가 하고 의심할 수 있지만 전혀 그렇지 않았다. 효혜공주의 친오빠가 바로 세자가 아니던가.

이종익은 옥중에서 쓴 상소에서 작서의 변이 경빈 및 복성군과 관련 없고, 김희가 아버지 김안로의 사주를 받아 벌인 일이라고 주장한다. 그럼에도 김안로는 끄떡없었고, 되레 이종익이 사사됐다.

1533년(중종 28년)에 의문의 사건이 또 발생한다. 이른바 사람 머리를 인형으로 만들었다는 의미의 '가작인두(假作人頭)의 변'이다.

동궁의 빈청 남쪽 바자(把子, 발) 위에 사람 머리 모양을 한 물건이 걸려 있었다. 머리 형상에는 머리카락을 붙여 놓았고 이목구비까지 새겨 놓았다. 덧붙여 "세자를 능지하고, 세자의 아버지 임금을 교

187

살하고, 중궁(문정왕후)를 참할 것"이라고 적은 목패가 걸려 있었다. 목패의 뒷면에는 버젓이 쓴 사람과 날짜가 적혀 있었다. "5월 16일, 병조서리 한충보(韓忠輔) 등 15인이 행한 일임."

저주의 글을 썼다고 실명을 밝힌 것이 의심스럽긴 하지만, 일단 이들이 가장 먼저 조사 대상이 됨은 당연했다. 그런데 한충보의 입에서 당성위(唐城尉) 홍여(洪礪)의 이름이 튀어나왔다. 홍여는 경빈 박 씨의 딸인 혜정옹주의 남편이다. 결국 이 사건의 불똥은 6년 전에 폐출된 경빈 박 씨와 복성군에게 튀었다. 실낱같은 희망을 안고 있던 경빈과 복성군은 사사됐고, 경빈의 딸이자 세자의 이복누이인 혜정옹주와 혜순옹주는 폐서인 되었다. 앞에서 조금 열어뒀던 복성군과 경빈의 가능성을 이젠 완전히 닫아야겠다.

상황이 이렇게 전개되자 세자를 등에 업은 김안로의 위세가 더 세졌다.

이듬해인 1534년, 왕실에 경사가 일었다. 그동안 아들을 낳지 못해 애면글면하던 문정왕후가 가례를 올린 지 17년 만에 왕자를 생산한 것이다. 그가 나중에 명종이 되는 경원대군(慶原大君)이다.

이 경사는 세자 자리를 위협할 수도 있는 엄청난 권력투쟁을 행간에 품고 있기도 하였다. 당장 세자를 등에 업고 권력을 쥐락펴락하던 김안로에게 비상이 걸렸다. 비록 나이 차가 많이 나긴 하지만 생모가 살아 있는 경원대군과, 생모가 없는 세자의 위상은 아버지 중종에게 달렸다고 해도 틀린 말이 아니었다. 문정왕후가 남편에게 계속 경원대군을 어필하여 중종도 가스라이팅 당하면 어떤 일이 벌어질지 모른다. 세자 자리가 위태로울 수 있음이 합리적 의구심이리라.

그런데 서로 9촌 사이인 장경왕후와 문정왕후 집안은 선대에는 정승 판서를 배출했지만, 이때에는 벼슬길이 끊긴 한미한 집안이었다. 하지만 연거푸 중전 자리를 거머쥐면서 파평 윤씨가 일약 주목받았다.

세자의 외할아버지는 윤여필이고, 외삼촌이 윤임이다. 윤임은 무관으로 오위도총부 도총관을 지낸다. 그런데 새 계비인 문정왕후와 같은 파평 윤씨임에도, 세자 문제를 둘러싸고 서로 앙숙이 되었다. 문정왕후 쪽엔 오빠 윤원형과 윤원로가 있다. 역사에서는 세자를 보호하는 윤임 일파를 '대윤', 경원대군의 외삼촌 윤원형 일파를 '소윤'이라고 부른다.

권력은 부자지간에도 나누지 않는다고 하거늘, 소윤의 입장에서는 경원대군을 세자로 만들 필요조건은 조성된 셈이니 당연히 은밀히 이를 추진했으리라. 어린 나이를 극복하면 충분조건도 만족한다. 세월이 한 해 두 해 흐르면 이 또한 해소된다. 물론 세자 나이가 이때 이미 스무 살이고, 또 세손이 될 아들을 볼 수 있는 터여서 경원대군은 어쩌면 왕위와는 멀어진다. 그렇더라도 세자의 뒷배인 대윤과 김안로의 손발을 묶으면 된다.

그런 상황에서 김안로가 먼저 공격을 감행했다. 1537년 문정왕후 폐출을 기도한다. 문정왕후가 경원대군을 왕으로 앉히려 한다며 폐출을 도모한 것이다.

그런데 정작 유배를 간 건 김안로가 아니라 이 사실을 퍼뜨렸던 소윤의 윤원로·윤원형 형제였다. 훗날 역사에서 정유년(1537년)에 득세했다 해서 '정유 삼흉(丁酉 三凶)'으로 일컫는 김안로와 김안로의 충견 허항(許沆, 허종의 손자), 채무택(蔡無擇, 김안로의 친척)의 권력이 어떠했는지를 짐작하게 한다.

이때 중종은 김안로에게서 자칫 자신도 안전하지 못할 것 같은 위협을 느낀다. 그렇다면 아예 없애는 게 상책이다. 중종은 소윤 윤원로의 숙부 윤안임(尹安任)에게 "김안로를 없애야겠으니, 여론을 조성하라"는 밀지를 내린다. 윤안임은 이 밀지를 대사헌 양연(梁淵)에게 전달했다. 양연은 "왕의 기대에 부응해 대간들과 함께 김안로의 횡포가 심해 벌주지 않을 수 없다"라고 호응한다.

그리고 호조 참판 박수량(朴守良)과 동부승지 채낙(蔡洛)이 나서서 사헌부와 사간원의 관원들이 보는 앞에서 김안로 일당을 비롯하여 영의정 김근사를 탄핵한다. 이로써 김안로와 허항, 채무택은 사사되고, 김안로 일당은 모두 궁중에서 쫓겨난다.

# 세자,

## 즉위하여 인종이 되다

김안로가 죽은 이듬해인 1538년 10월 초하루 중종이 느닷없이 세
자에게 양위(讓位), 즉 임금의 자리를 물려주겠다는 전교를 내린다.
이유는 왕이 된 지 33년이 되었고, 변고가 자주 일어나는데, 그게 다
자신의 부덕 탓이라고 했다. 그때 중종은 세종의 재위 연수(32년)와
세종이 승하했을 때의 나이(52세)와 비슷했다.

　중종은 이때까지 조선의 여느 왕들과 달리 오래 왕위에 있었던
터라 세자 역시 18년째 세자로 있었다. 이게 양위의 조건이 될 수
없다. 그렇다면 변고 탓일까. 변고는 보통 자연재해라 임금이 어쩔
수 없는 것이다. 물론 그 무렵엔 자연재해도 임금에게 보내는 경고
로 받아들였다고는 하지만 양위까지 생각할 문제인가 싶다. 아무튼
중종은 뭔가 마음이 불편한 게 있었고, 그 불편함을 이런 식으로 드
러낸 게 아닌가 싶기는 하다.

191

전교를 받은 신하들이 하나같이 눈물을 흘리며 이 문제는 의논조차 할 수 없는 일이라고 아뢴다. 당장 양위를 받아야 할 세자 역시 난감하기 이를 데 없었다. 세자는 일단 절대 그럴 수 없다고 울면서 사양했다. 이튿날 세자는 심지어 "스스로 목숨을 끊고자 해도 할 수 없고 마음만 답답하여 어찌할 바를 모르겠습니다"라며 임금이 마음을 돌리길 바랐다. 결국 중종은 이날 정광필 등이 올린 글을 보고 마음을 돌렸다.

> "세종은 정사를 맡은 지 오래되었고 세자 문종이 어질게 장성하였어도 오히려 선위할 마음을 두지 않으셨던 건, 임금 자리를 가벼이 할 수 없고 인심을 요동시킬 수 없었기 때문이었습니다."

이렇게 한바탕 소동 끝에 정국은 안정을 되찾으면서 세자에 대한 중종의 믿음은 여전했다. 하지만 김안로가 죽으면서 세자의 방패막이 한 축이 무너졌다는 점은 의미심장하다. 그 무너진 사이를 비집는 세력이 있게 마련이다.

여기서 우리가 주목해야 할 세력은 '소윤'이다. 소윤의 목표는 더 분명해졌다. 세자를 보호하던 김안로가 사라졌기에, 자신들 하기에 따라 경원대군을 세자로 만드는 일도 보다 쉬워졌다. 그런데 이 목표를 이루기 위한 전제가 있다. 세자라는 존재가 사라져야 하는 것이다.

상황이 이러하니 세자는 늘 살해 위협에 내몰렸다. 앞서 살펴본 1530년 '작서의 변'과 1537년 '가작인두의 변'에 이어 1543년에 또 큰일이 일어났다.

이해 1월 7일 세자가 사는 동궁에 불이 난다. 불이 난 게 무슨 큰일이냐고 할 수도 있겠지만, 그 불이 단순 화재냐 세자의 목숨을 노린 방화냐에 따라 엄청난 차이가 있지 않겠는가. 일단 《중종실록》의 기록에 따르면, 동궁에 불이 나자, 뜻밖의 불에 대응하지 못해 허둥댔고, 세자는 세자빈과 함께 있어 편안히 보존할 수 있었다고 한다. 그러면서 세자는 "생각지 않은 변이 이 지경에 이르렀으니 해괴한 일이다"라고 말했다고 적었다.

이런 상황이라면 화재의 원인에 대해 의심할 사람은 거의 없으리라. 하지만 야사인 《연려실기술》의 기록은 조금 결이 다르다. 정철(鄭澈)의 누이인 귀인 정 씨가 급히 세자가 거처하는 방으로 들어와 서책과 옷을 밖으로 내어놓고 세자를 모시고 임금 계신 대전에 문안드리니 임금이 크게 칭찬하였다고 했다.

덧붙여 《연려실기술》은 사람들은, 불을 지른 사람으로 '윤원형'을 지목하였고, "총애하고 가까이 한 조짐이 점점 방자한 데 이르렀고, 시기하는 화가 마침내 변고의 원인을 만들었다"라는 말까지 있다고 전한다.

윤원형이라면 문정왕후의 오빠로 '소윤'이 아닌가. 더욱이 이 소문은 윤원형의 애첩 정난정이 사주했다는 꼬리까지 달고 있었다. 젊은 시절 윤원형의 눈에 들어 첩이 된 정난정은 김안로의 조카였던 본부인을 몰아내고 두 번째 부인이 된 여인이다.

이런 소문이 돌자 조사를 시켰으나, 세자가 화재는 모두 자기 탓이었다며 모두 놀라게 한 점에서 근신한다는 글을 내리면서 일단락됐다. 그렇지만 여기서도 세자와 경원대군의 대립 관계를 엿볼 수 있다.

아무튼 《연려실기술》에 정 귀인 얘기 끝에 '일설'이라며 덧붙인 얘기가 허투루 들리지 않고, 그 당시 세자가 처한 상황을 상징하는 것 같아 주목된다.

> "궁궐 안에 요상한 기운이 있어, 어느 날 밤 정 귀인이 세자를 모시고 조용히 앉았는데, 홀연히 검은 기운이 마루와 섬돌 사이를 지나갔다. 그 소리가 우레와 같아서 궁녀들이 모두 엎드려 숨을 죽이고 세자가 창문을 닫고 싶으나 시킬 사람이 없었다. 그때 정 귀인이 홀로 놀라지 않고 서서히 일어나서 문을 닫으니, 세자가 더욱 중히 여겼다 한다."

세자의 목숨을 노리는 세력이 활동하는 듯한 뭔가 으스스한 기분이 든다. 야사에는 이런 얘기도 있다.

불이 나자, 세자는 그 자리에서 불에 타죽기를 원했다고 한다. 이유는 어머니 문정왕후가 세자의 죽음을 원하므로 거기에 따르는 게 효가 아니겠느냐는 것이었다. 그러자 중종이 세자를 애타게 불렀다.

세자는 이대로 죽으면 어머니에겐 효이지만 아버지에게 불효(불충)가 된다는 사실을 깨닫고 밖으로 나왔다고 한다.

믿거나 말거나 식의 이야기이긴 하지만 우리가 여기서 이 이야기의 행간을 봐야 한다. 세자와 문정왕후 사이의 알력이 얼마나 심했으면 이런 이야기까지 나돌았을까. 그런 점에서 이 화제는 누군가가 세자의 목숨을 노린 방화의 가능성도 있음을 배제할 수 없었다.

문정왕후의 세자에 대한 견제는 중종의 나이가 들면 들수록, 건강이 나빠지면 나빠질수록 점점 그 도를 더해 갔다. 문정왕후로서는 갖은 수단과 방법을 동원해서라도 중종이 살아 있는 동안 경원대군을 세자로 만들어야 했기에 더욱 그랬다. 세자 자리를 빼앗지 못하면 그다음은 도모할 수 없는 게 왕실의 법도 아닌가.

그래서인지 문정왕후는 대윤들이 득세하는 걸 보니 아들 경원대군의 목숨을 보전하기도 어렵다면서 악악댔다는 기록도 보인다.

이런 상황에서 1544년 11월 15일 세자의 극진한 보살핌을 받던 중종이 종기를 앓다 이승에서의 삶에 마침표를 찍는다.

하루 전 중종은 정신이 혼미한 상태에서도 자신의 삶을 예견한 듯 세자에게 선위하는 전교를 내렸다. 그리하여 세자는 온갖 위험 속에서도 인종으로 즉위하였다.

# 인종,

## 7개월 만에 죽다

인종의 즉위는 일단 '대윤'이 승리했음을 의미했다. 그 결과 대윤의 대표 격인 인종의 외삼촌 윤임이 정권을 장악했다. 윤임은 집안 내력이나 활동 이력으로 볼 때 훈구파 범주에 넣을 수 있는 인물이었다. 그런데 '대윤'이 권력을 장악하기 위해서는 당연히 '소윤'을 견제해야 했다. '소윤' 역시 훈구파 범주에 넣어야 한다.

이런 상황에서 대윤이 선택할 카드는 무엇일까. 중종이 반정 삼대장 중심의 훈구파를 견제하기 위해 조광조를 비롯한 사림파를 중용했듯, 인종과 대윤 역시 이런 생각을 할 수밖에 없었으리라. 정치적 이념이 아닌 세력 대 세력의 개념으로 접근할 수밖에 없었다.

그렇다면 대윤의 정치적 파트너는 자연스럽게 사림파가 된다. 그래서 역사는 인종의 즉위를 두고 사림파는 반기고 훈구파는 똥 씹은 표정을 지었다고 평가한다.

이런 정치적 역학 관계 말고 인종의 개인적 관심사도 이런 구도를 짜는 데 한몫했다. 인종은 세자 시절부터 성리학에 관심이 많았다. 아버지 중종이 조광조를 비롯한 사림파의 영향을 받아 성리학에 관심을 두었던 터라 세자의 이 같은 점은 자연스럽다. '우리역사넷'에 보면 이런 기록도 있다.

> "(동궁이) 날마다 유신들과 더불어 옛글을 강론하기를 주야로 게을리 하지 않았다. 이에 당대 선비들이 자기 집에서 몸을 닦아 훗날 등용되어 어진 임금께 쓰일 희망을 안고 간절히 기다렸다. 이런 유풍이 크게 떨쳐서 사람들이 '요순이 될 소년 임금'이라 일컬었다."

인종은 흔한 말로 '준비된 왕'이었다. 여섯 살에 세자에 책봉돼 무려 24년간 제왕 수업을 받아오지 않았는가. 그런 인종이었기에 즉위하면서 나름 학문을 좋아하는 성품답게 도학정치를 실현하려고 했음은 의심할 필요가 없다.

인종의 도학정치 출발은 사림파의 등용이었다. 이조판서 유인숙(柳仁淑)이 이인적과 유관 등 사림파 인재 등용에 앞장섰다. 유인숙은 기묘사화 때 연루돼 옥에 갇혔다가 영의정 정광필의 도움으로 석방되어 조광조 등 기묘명현의 명예를 되찾는 일에 발 벗고 나선 선비다. 하지만 신사무옥 때 투옥됐다가 삭탈관직돼 오랫동안 두문불출한 끝에 김안로 사후 복직돼 요직을 두루 거쳤다.

197

유인숙의 전력을 보면 새 임금의 시대에 무슨 일을 할지 짐작이 간다. 조광조 등의 신원을 복원하는 한편 현량과를 다시 도입해 도학정치를 하고자 했다. 그러고 무오사화로 인해 사관이 사초를 쓸 때 이름을 쓰도록 한 규정을 없애고 옛날처럼 써도 되고 안 써도 되도록 했다. 이는 인종의 정치적 배경이 무엇인지를 알려준다.

사실 조광조 등에 대한 신원은 중종도 살아생전에 허락한 바 있긴 하다. 중종 말년인 1544년 무렵부터 삼사를 비롯한 곳곳에서 기묘명현에 대한 신원을 본격적으로 요구하기 시작했다. 기묘사화는 누가 보더라도 중종과 훈구파의 무리수였고, 아까운 인재들의 희생이었다. 중종은 임종 직전 결자해지의 마음으로 신원을 허락하였다. 이런 점에서 인종의 신원 허락은 아버지 중종의 허락을 다시 한번 확인해 준 셈이다.

그런데 이 무렵 왕실은 큰 고민거리가 있었다. 그건 다름이 아닌 인종이 가례를 올린 지 20여 년이 지났음에도 그때까지 단 한 명의 자녀도 두지 못했다는 것이었다.

왕실은 급한 마음에 후궁을 들이기 시작했다. 윤원량의 딸인 숙빈 윤 씨가 가장 먼저 간택 후궁으로 들어갔다. 중종 시절인 1533년이다. 윤 씨는 성이 '윤 씨'이고 이름 가운데 자가 '원'이라는 점에서 혹시 대윤과 소윤의 갈등 관계로 보는 경향이 있는데, 이는 성급한 해석이다. 윤원량은 윤지임의 아들로 문정왕후와 남매 사이다. 고모와 조카가 인종의 정비와 후궁이 된 셈이다. 나중에 대윤과 소윤의 극한 갈등의 원인이 되는 경원대군은 이듬해인 1534년에 태어난다.

인종이 숙빈 윤 씨와도 자녀가 없자, 세 명의 후궁을 더 두었다. 혜빈 정 씨, 귀인 정 씨, 그리고 양제 윤 씨다. 혜빈 정 씨는 어떤 연유로 궁에 들어갔는지 알려진 게 없고, 존재감도 도드라지는 게 없었다. 정철의 누이인 귀인 정 씨 역시 인종에게 후사가 없자 간택 후궁이 되어 궁에 들어갔다. 양제 윤 씨는 왕실과 인연이 있는 윤개의 딸인데, 애초 간택 후궁으로 궁에 들어갔으나 어느 후궁도 후사를 생산하지 못하자 아예 윤 씨의 후궁 간택이 없었던 일이 된 듯하다. 그래서 어떤 경우에는 후궁에 끼워주지 않기도 한다. 문제는 이 후궁들 누구도 후사를 보지 못했다는 점이다.

이렇게 되자 가장 좋아할 사람은 당연히 문정왕후였다. 경원대군이 중종의 적자로 왕이 되는 건 사실상 물 건너간 셈이라 두 번째 계획을 실천해야 할 판이었다. 두 번째 실행 계획은 후사가 없는 인종의 대를 잇게 하는 것이다.

문정왕후는 며느리인 인종비 인성왕후를 박절하게 대하지 않았다고 한다. 시어머니 문정왕후를 극진히 모시는 인성왕후의 바른 성품도 한몫했겠지만, 권력의 속성상 이런 인간적인 감정이 얼마나 영향을 미쳤을지는 모른다. 다만 문정왕후도 인성왕후를 가능하면 자기편으로 만들 필요성은 있었다. 인종 사후에도 문정왕후는 인종의 외가를 숙청하면서도 인성왕후나 그 친정은 가만두었다고 한다.

문정왕후가 인성왕후를 가만둔 이유는 무엇일까. 경원대군이 자식이 없는 인종의 후사가 되는 데에는 인성왕후가 경쟁 상대는 아니더라도 방해자는 될 수 있지 않을까 하는 큰 그림에서는 아닐까.

만약 후사 없이 인종이 죽기라도 한다면 누군가는 왕위를 이어가야 하는데, 종법상 적장자가 대물림해야 한다. 그렇다면 경원대군이 비록 인종의 동생이더라도 형식상으로는 인종과 인성왕후의 아들로 입적한 후에 왕이 되면 된다.

또 인종이 일찍 죽어 경원대군이 어린 나이에 즉위한다면 누군가가 수렴청정해야 한다. 이때 가장 강력한 수렴청정 후보는 인성왕후다. 이런 큰 그림을 그렸다면 문정왕후가 며느리 인성왕후를 미리 우군으로 확보하기 위해 잘 대해줄 수 있지 않았을까.

문정왕후에게는 또 다른 희소식(?)이 있다. 즉위하자마자 인종의 건강이 급속하게 나빠지기 시작한 것이다. 효자였던 인종은 세자 시절 아버지 중종을 밤낮으로 간호했고, 부음을 듣고는 엿새 동안 식음을 전폐했고, 다섯 달 동안 호곡했다고 한다. 부모상을 당하면 자식이 죄인이라 효를 몸소 실천하는데, 이때 건강이 나빠졌다.

결국 인종은 1545년 7월 서른한 살의 나이로 세상을 뜬다. 재위 8개월 만이었다. 인종은 숨을 거두기 전 대신들을 불러 "내가 죽게 되어서 경원대군에게 왕위를 전위하니, 경들은 더욱 힘써 그를 도와서 과인의 뜻에 부응하라"고 전교를 내렸다고 한다.

문정왕후가 승리했다. 그토록 바라던 아들 경원대군이 명종으로 즉위한 것이다.

# 문정왕후,

## 을사사화를 일으키다

이번에는 문정왕후의 평생소원이 이루어지면서 '소윤'이 웃었다. 그때 명종의 나이 열두 살이었다. 따라서 누군가가 수렴청정을 해야한다. 그 대상이 종법상 양어머니인 인성왕후일까, 낳은 어머니 문정왕후일까. 사실 이 질문은 우매하다. 양어머니와 생모 사이의 권력 관계는 물으나 마나다. 더욱이 문정왕후와 인성왕후의 권력 관계를 보더라도 당연히 문정왕후가 수렴청정할 수밖에 없었다.

　수렴청정한 여느 대비들과 달리 문정왕후는 권력을 틀어쥐고 전권을 행사했다. 하지만 여전히 대윤과 사림들의 세가 만만치 않은 현실을 직시한 문정왕후는 이런 걸림돌을 제거하는 게 우선이었다.

　이런 상황에서 대윤 측에서 먼저 공격을 감행했다. 명종이 즉위한 이튿날인 7월 7일, 영의정 윤인경이 "동궁(인종)이 대군(명종)을 해치려 한다고 하면서 궁을 혼란스럽게 하여 양쪽을 벌어지게 하였다"라는 이유로 '간사한 무리'인 문정왕후 오빠 윤원로를 벌주라고 했다. 명분은 대윤과 소윤의 갈등 해소 차원이었다. 물론 속내는 소윤의 득세를 막기 위해서는 우두머리라고 할 수 있는 윤원로의 손발을 묶고자 한 것이었다. 윤원로는 권력욕에 눈이 멀어 이것저것 가리지 않고 마구 들이대는 성격이었다.

대신들노 윤인경의 건의에 동조하면서, 어린 왕의 보좌와 보호를 책임진 대비가 나서서 비록 지친이지만 실상 원수인 간신을 제거해야 마땅하다고 거들었다.

예상치 못한 한방에 문정왕후는 낭황했다. 구수담(具壽聃)이 지난해 아침 강론에서 "윤임을 '대윤'이라 하고 윤원형을 '소윤'이라 한다"라며 인종과 명종을 둘러싼 당파를 지적한 적이 있었다. 하지만 중종이 인심을 진정시키기 위해 진위를 가리지 않았다면서, 문정왕후는 윤원로 잘못의 진위를 캐보지 않고 죄부터 주라는 건 부당하다는 의견을 냈다.

하지만 함부로 말했다가 능욕당할 게 뻔한 데도 없는 말을 지어 올리는 신하가 과연 있겠느냐며 계속된 대신들의 강력한 주장에, 문정왕후는 손을 들고 만다. 결론은 윤원로를 귀양 보내는 것으로 일은 마무리됐다.

하지만 가만있을 문정왕후가 아니었다. 대윤의 입김이 수그러들지 않고는 정치가 쉽지 않기도 하거니와, 친정 동생을 볼모로 치도곤 하는 것에 복수심이 불타기 시작했다. 문정왕후는 대윤을 제거할

확실하고 효과적인 계획을 세웠다. 한방에 일망타진할 수 있는 전략이 필요했다. 여기엔 '역모'만큼 확실한 전략이 없다.

문정왕후는 귀양 간 윤원로의 동생 윤원형을 불러 밀지를 내린다. 지원 세력을 규합하라는 것이다. 사실 우리에게 각인되기는 윤원로보다 윤원형이 더 권력의 화신이지만, 그는 형과 달리 과거에 급제한 선비로서 능력이 뛰어났다고 한다. 하지만 권력의 맛을 본후 윤원형은 형을 능가하는 권모술수와 처세로 권력을 쥐락펴락한 인물이다.

윤원형은 신속하게 움직여 지중추부사 정순붕(鄭順朋), 호조판서 임백령(林百齡), 병조판서 이기, 공조판서 허자(許磁) 등을 모은다. 이들은 사헌부와 사간원에 이 밀지를 보여주며 대간들을 설득하는 한편, 윤임을 비롯한 대윤을 탄핵하는 데 함께하자고 압박했다. 이들은 또 윤임과 좌의정 유관, 이조판서 유인숙 등이 인종이 위중할 때 명종 대신 다른 인물을 옹립하려 했다고 주장했다.

이언적, 권벌, 정순붕 등이 밀지로 탄핵할 수 없다며 강하게 항의했지만, 이미 대세는 기운 상태였다. 역사에 '을사 4흉'으로 불리는 정순붕을 비롯한 윤원형의 행동대장들은 윤임과 유관, 유인숙 등의 죄가 있다고 했다. 그러자 기다렸다는 듯 문정왕후가 이들의 죄가 중종 때부터 드러났다며, 재상들이 아뢰는 만큼 크게 다스려야 한다고 맞장구쳤다.

사실 윤원형은 심복을 시켜 대윤들을 찾아가 꼬투리를 잡도록 했다. 윤임은 경원대군의 즉위에 문제가 있다고 한 건 안질 때문이었다고 했다. 한쪽 눈이 문제가 있어도 정사를 보기에 힘든데, 하물며 양쪽 눈이 문제이기에 어떻게 성군이 될 수 있겠냐는 게 이유였다. 나식은 왕자가 여럿이라며 희빈 홍 씨의 아들 봉성군이 어질다고 하면서 윤원로 같은 인물이 단속해야 한다는 발언을 했단다.

이들이 잡혀 들어왔음은 물어보나 마나다. 그런데 결정타가 날아들었다. 경기 관찰사 김명윤이 고변한 것이다. 중종의 밀지를 받았던 홍경주의 사위인 김명윤이다. 김명윤은 윤임이 자기 조카인 계림군을 추대하려 했다고 하였는데, 계림군은 성종의 셋째아들 계성군의 양자로 윤임의 조카였다.

봉성군은 나이가 어리다는 이유로 체포되지 않았지만, 계림군은 윤임이 잡혀간 것을 보고 도망쳤다가 결국 잡혀 추문을 받았다. 이 과정에서 고문에 못 이긴 계림군의 입에서 소윤이 바라던 진술이 튀어나왔다. 윤임이 임금을 없애고 자기를 대신 임금으로 세우려 했다는 내용이었다. 이들은 결국 이해 8월 22일 파직된다.

그러자 사간원과 사헌부 대간들은 밀지를 통해 선비들을 벌주었다는 이유를 들어 윤원형을 비판하고 나섰다. 23일엔 조광조 문하생인 사림파 백인걸이 윤원형을 심문하라는 상소까지 올린다. 결국 백인걸도 유배를 간다. 그러고 8월 22일 파직된 주동자 3명이 사사된다.

이리하여 다시 피비린내 나는 상황이 일어났다. 이미 죽은 윤임과 유인숙, 유관의 시체는 다시 관에서 꺼내 사흘 동안 효수되었고, 자식들을 비롯한 친인척들은 처형되거나 노비가 되었다.

또 계림군과 봉성군 역모 사건 관련자들을 잡아들여 많은 선비가 문초를 당했다. 예상과 달리 이 사건은 수십 명의 피해자를 만들며 '을사사화(乙巳士禍)'는 일단락되는 듯했다.

# 벽서사건으로

## 을사사화 완결되다

**1547년 명종 2년 9월 18일, 경기도 과천현 양재역.**

전라도로 시집간 딸을 전송하러 양재역에 갔던 정언각(鄭彦慤)이 벽서를 발견한다. 붉은 글씨로 쓴 벽서의 내용은 이러했다.

> "여주(女主)가 위에서 정권을 잡고 간신 이기 등이 아래에서 권세를 농간하고 있으니, 나라가 장차 망할 것을 서서 기다릴 수 있게 되었다. 어찌 한심하지 않은가. 중추월 그믐날."

이 벽서를 발견한 부제학 정언각은 즉시 사돈인 선전관 이로(李櫓)와 함께 들고 가서 아뢰었다. 이들은 "국가에 관계된 중대한 내용이고 인심이 이와 같다는 것"을 알리기 위해서라고 했다.

벽서에서 언급한 '여주'는 누가 보더라도 수렴첨정하는 문정왕후를 지칭하는 게 분명했다. 그렇다면 문정왕후가 나랏일을 쥐락펴락해 나라가 망할 게 뻔한데도 가만있을 수 없다는 것이다. 이 망언을 접한 문정왕후는 물론이거니와, 윤형원 일파의 소윤이 발칵 뒤집어졌다.

그런데 동물적 정치 감각을 가진 윤원형은 이 벽서를 보고 흥분만 할 게 아니라 냉정하게 활용해야겠다고 맘먹는다. 이미 을사사화가 일어난 지 2년이나 지났지만, 아직도 대윤 잔당들이 암약하고 있다는 증거라며 지금이라도 이들을 발본색원해야 한다고 주장하고 나섰다.

윤원형의 부인이 된 정난정도 윤임의 잔당이 남아 있다는 증거라며, 한 명도 남김없이 발본색원하여 중벌로 다스려야 한다고 외쳤다. 그렇지 않으면 되레 문정왕후의 위엄이 서지 않을 것이라고 부추겼다.

문정왕후 역시 자신의 수렴첨정이 섭정이 아니라 왕이 어려 어쩔수 없이 하는 것인데도 이런 비방이 나오는 건 분명히 윤임 일당이 벌인 일이라고 했다. 그러면서 은밀한 곳이 아니라 누구나 볼 수 있는 곳에 보란 듯이 벽서를 붙였으므로 본 사람이 분명히 있을 거라며 수상한 자를 당장 잡아들이라고 했다.

그러자 윤인경과 정순붕 등이 나서서 역적 중 가벼운 죄를 받은 사람의 짓이 분명하다며 이번 기회에 화근이 되는 사람을 모두 잡

을사사화

아들이자고 한다.

이 말의 의미는 분명했다. '역적'이란 말에서 계림군과 봉성군의 역적 모의를 가리키는 것으로, 을사사화가 아직 끝나지 않았음을 의미하는 것이었다. 사실 벽서는 발견 즉시 불태워 없애고 불문에 붙여 문제 삼지 않는 게 관례였다. 그래서 일부에서는 윤임과 대윤 사림을 몰아내기 위한 문정왕후의 의도된 음모라는 주장도 있다. 그럴 개연성이 있음을 배제할 수는 없다.

아무튼 사태가 이렇게 전개되자 사림들을 잡아들이기 시작했다. 사실 범위를 가릴 조사가 필요했을까 싶다. 이미 어떤 인사를 숙청할지 계산이 다 선 상황이었기 때문이다. 을사사화 때 가벼운 벌을 받은 사림의 잔당이라고 범인을 규정하지 않았던가.

봉성군을 비롯하여 참판 송인수와 이조좌랑 이약빙이 사사됐다. 이언적과 권벌과 노수신은 변방에 두는 극변안치, 유희춘과 노수신(가중유배), 정황, 김난상 등은 섬에 두는 절도안치 등 모두 29명이 유배를 갔다. 이 처벌 규모에는 정작 을사사화 때보다 사림과 인물들이 더 많이 연루되었다.

《명종실록》1547년 윤9월 18일 치를 보면, 사관은 "익명서는 비록 부자간이라도 서로 전해주지 못하게 한 것"이라고 전제하며 왜 그랬느냐고 반문한다. 그리고 "삼공의 계사(啓辭)를 보면 어찌 부끄럽지 않겠는가. 이미 취실할 수 없다고 하였으면서 어찌하여 또 그냥 버려두기는 미안하다고 했는가? 참으로 비루하고 무식하다"고

했다.

뭔가 미심쩍은 것이 있다고 본 것이다. 하지만 이렇게 을사사화의 완결판이 완성되면서 문정왕후의 동생 윤원형이 막강한 권력자로 등극했다.

윤원형은 무소불위의 공포정치로 정적을 무자비하게 죽인다. 하지만 '권불십년'이라지 않던가. 자기 뒷배인 문정왕후가 죽으면서 권력이 모래알처럼 주먹에서 빠져나갔고, 온갖 비리가 만천하에 드러났다. 명종은 그래도 외삼촌이라며 죽이지 못하고 뭉그적거리다 귀양을 보냈다.

유배지에서 자기 분을 삭이지 못하고 지내던 윤원형은 결국 정난정과 함께 스스로 독약을 마시고 비참한 최후를 맞았다고 한다.

야사에서는 자결이 아니라 길거리에서 피맺힌 백성들에 의해 맞아 죽었다는 이야기가 돌았다고 전한다. 그러면서 소문은 파평윤씨 문중에서 조상의 명예를 지키려고 자결한 것으로 포장했다는 얘기까지 덧붙였다.

사실 여부를 떠나 윤형원의 말로는 비참했다. 만약 그가 이 비참한 미래를 알고도 그런 무지막지한 짓을 했을까. 죽은 자의 대답이 있을 리 없지만, 역사는 반면교사가 되어서 어떻게 살아야 하는지를 가르쳐 준다.

후기

―

정치 보복의 역사를 끝내자

지금까지 살펴본 '사화'의 민낯은 애초 우리의 상식보다 더 진한 핏빛이었다. '정적 죽이기'를 위한 권력투쟁이라는 본질에 접근하여 생각한들 정도가 지나쳐도 한참 지나쳤다.

　'사화'의 시작은 작다면 작은 불씨 하나 때문이었다. 실록청 당상관이었던 이극돈이 사초 더미에서 문제의 사초 하나를 발견한다. 자신의 부적절한 행동을 적은 사초였다. 얼굴이 화끈거리고 어찌할 바를 몰라 오로지 이 사초를 빼겠다는 단순한 목적은 저 멀리 달아나는 데 많은 시간이 필요 없었다.

　결국 김종직의 〈조의제문〉까지 다다랐고, 음모의 대가인 유자광이 가담하여 〈조의제문〉을 정치적으로 해석하면서 사태는 걷잡을 수 없게 되었다.

　〈조의제문〉은 유자광의 해석대로, 세조에게 목숨을 잃은 단종을 은유적으로 추모하는 글이 맞다. 하지만 김종직이 이미 저세상 사람인 데다가 그의 나이 스물일곱에 쓴 것이다. 여기에 연산군 시절의 정치적 상황이 행간에 있을 리 없잖은가.

연산군 또한 유자광처럼 이 일을 자신에게 유리한 쪽으로 활용하려는 계산이 깔려 있었다. 가뜩이나 사사건건 신하들로부터 도전받던 터여서 이 기회에 왕권을 제대로 세워보겠다는 발상이 작용했던 것이다.

그런데 그 결과는 어떤가. 훈구파를 등에 업은 연산군이 사림파를 '마구' 죽여대는 피의 향연을 벌이지 않았는가.

역사에 가정법은 없다지만, 만약 이극돈이 이 사초를 보지 못했더라면 어땠을까. 사화는 일어나지 않았을까. 다른 사건이 빌미가 되어 결국 이런 정적 죽이기의 역사는 일어나고 말았을까.

이어지는 갑자사화 또한 연산군이 생모 윤 씨에 관한 모든 걸 알게 되자, 생모를 죽이는 데 직·간접으로 관여된 선비들에게 피의 복수극을 벌인 것이라고 할 수 있다. 여기엔 명분도 실리도 없다. 오로지 복수심만 들끓었을 뿐이다.

기묘사화는 정말 역사의 가정법을 사용해서라도 되돌릴 수 있었다면 하는 아쉬움이 큰 사건이다. 아마도 조광조를 중심으로 하는 사림파의 개혁이 제대로 뿌리를 내리고, 또 더 진행됐더라면 어땠을까 싶어서다.

이 역시 욕망덩어리인 훈구파가 자기 기득권을 잃지 않기 위해 중종을 이용해 벌인 정적 죽이기의 끝판왕이다. 실제 빌미가 된 사건이 위훈 삭제였잖은가. 자신들이 소유한 걸 잃게 되자 훈구파는 끊임없이 임금을 가스라이팅했다. 훈구파의 딸인 후궁들이 베갯머리에서 속삭이고, 남곤 같은 이가 '주초위왕' 사건을 꾸몄다. 아니 조광조가 역성혁명까지 꿈꾸고 있다는 말이 가당키나 한가.

하지만 나는 중종이 훈구파보다 한술 더 떴다고 생각한다. 자기 정치를 위해 조광조를 비롯한 사림파를 등용해 놓곤, 이들의 개혁 조치에 동의해 놓곤, 훈구파의 감언이설을 듣고 뒤통수치지 않았는가. 토사구팽이라는 말은 이럴 때를 위해 만든 것이 아닌가 생각될 정도다.

더욱이 중종이 조광조 등에게 죽임을 내릴 때 반대했던 선비들이 많았던 점을 생각해 보자. 중종도 죽음이 임박해서 아들 인종에게 조광조 등을 신원하라고 하지 않았는가. 이는 결국 무리수였다는 걸 실토한 것이나 다름이 없다.

을사사화는 또 어떤가. 사실 을사사화는 같은 가문인 파평 윤 씨가 '소윤'과 '대윤'으로 나뉘어 벌인 골육상쟁의 성격이 짙다. 자기 편의 대군을 왕으로 만들려는 과정에서 수많은 선비가 목숨을 잃어야 했다.

나는 '들어가며'에서 이런 피의 복수극 성격이 짙은 사화를 관통하는 열쇳말이 '능상(凌上)', 즉 임금을 능멸하는 것이라고 말한 적

후기 _ 정치 보복의 역사를 끝내자

이 있다. 그렇다. 이 열쇳말을 넣고 액면에 드러난 걸 보면 이해가 더 쉽다.

사화는 임금이 훈구파와 손잡고 사림파를 제거하는 데 골몰했다는 말로 요약할 수 있을 거다. 역사의 수레바퀴는 훈구파나 사림파가 혼자서 돌릴 수 있는 게 아니다. 두 바퀴가 함께 굴러가야 제대로 된 역사를 만들지 않겠는가.

이런 점에서 아쉽다. 둘이 나라의 발전을 위해 서로 협력하였으면 어땠을까. 그럼에도 굳이 상대편을 인정하지 않으려는 건 무슨 이유일까.

여기엔 '기득권'이란 욕망이 숨겨져 있다고 본다. 훈구파는 '이미 가지고 있는 권력'을 나눠주고 싶지 않았던 것이다. 조선 시대는 물론이거니와 근현대에 와서 친일파가 다시 대한민국의 기득권이 되어 떵떵거리며 사는 모습을 보지 않았던가. 이들이 어떤 정치를 하였는지도 똑똑히 보지 않았던가. 이들 기득권층은 언제나 덧셈이 아닌 정적 죽이기를 통한 뺄셈 정치를 한다.

문제는 지금도 이런 '정적 죽이기'의 뺄셈 정치가 여전하다는 점이다. 역사에서 숱한 권력투쟁을 보고도 이런 일이 반복되는 건 불행이다.


우리 역사에서 진영 간의 반목은 생각보다 복잡하게 얽힌 실타래 같다. 아무리 풀려고 해도 쉽게 풀지 못한다. 그렇다면 '고르디우스의 매듭 풀기'와 같은 발상의 전환이 필요하다.

프리기아의 수도 고르디움에 복잡하게 얽히고설킨 매듭이 달린 고르디우스 전차가 있었다. 아시아를 정복하는 사람만이 그 매듭을 풀 수 있다고 했다. 그런데 때마침 그곳을 지나가던 알렉산드로스가 그 매듭을 풀었다. 어떻게? 알렉산드로스는 칼로 내리쳐 그 매듭을 끊었다.

이 책을 시작할 때나 책 제목을 정할 때나 '정적'이란 낱말을 쓸 것인가를 놓고 고심이 많았다. 하지만 결론적으로 이 말 말고는 사화를 비롯한 권력투쟁을 직접적이고 정직하게 표현할 수는 없을 것 같다. 이제 우리 역사에서 '정적 죽이기'나 '정치 보복' 같은 낱말은 다시 등장하지 않았으면 바람에서 이 낱말을 쓴다.

이제 마무리해야 한다. 그런데 느닷없이 덧없음이 밀려온다. 왜일까. 사화를 통해 정적을 죽이는 핏빛 역사의 민낯을 보고도 여전히 현재의 역사를 걱정해야 하기 때문이다. 하지만 떵떵거리던 권력자도 예외 없이 자기 정적이 휘두르는 보복의 칼날을 피할 수 없음을 역사는 똑똑히 가르쳐 주었다. 그렇다. 그 덧없음이 바로 역사의 법칙이다.